Das große Testübungsbuch
Deutsch

© für diese Ausgabe
by Naumann & Göbel Verlagsgesellschaft mbH
Emil-Hoffmann-Straße 1
D-50996 Köln
Autor: Astrid Wilmot-Günther
Redaktion: Oliver Christian Weber
Gesamtherstellung: Naumann & Göbel Verlagsgesellschaft mbH, Köln
Alle Rechte vorbehalten

VORWORT

Hallo liebe Schülerin, hallo lieber Schüler!

In diesem Übungsbuch findest du über 100 Deutschtests, die dir bei der Vorbereitung auf Klassenarbeiten und Tests helfen sollen und die gleichzeitig Schritt für Schritt deine Deutschkenntnisse verbessern. Das Buch enthält den Unterrichtsstoff von zwei Schuljahren. Der Stoff wird in den Schulen in unterschiedlicher Reihenfolge behandelt, daher empfehlen wir dir, immer einen Test zu dem Thema herauszusuchen, das du auch gerade im Unterricht durchnimmst.

Es bringt nicht viel, kurz vor einer Klassenarbeit den ganzen Stoff schnell auswendig zu lernen. Viel besser ist es, regelmäßig und in kleinen, übersichtlichen Portionen zu lernen. Daher sind die Tests immer nur eine Seite lang und dauern nicht lange.

Wenn du etwa an jedem zweiten Schultag einen Test machst, wird dir das wirklich helfen. Suche dir einen Test zu einem Thema aus, das dich sehr interessiert. Oder du wählst ein Thema, das ihr gerade in der Schule durchnehmt. Nimm dir für das Bearbeiten einer Testseite und das Studieren der Lösungen etwa 25 Minuten Zeit. Bitte benutze zum Ausfüllen der Testseiten einen Bleistift, denn dann kannst du die Lösungen leicht wegradieren und den Test so mehrfach wiederholen.

So arbeitest du mit dem Übungsbuch:
- Im Inhaltsverzeichnis sind **alle wichtigen Themen des 5. und 6. Schuljahrs** übersichtlich aufgelistet. Auf jeder Testseite findest du den Lernbereich im farbigen Balken oben auf der Seite und das Thema in der Testüberschrift.
- Die Tests sind in **3 Schwierigkeitsstufen** eingeteilt. An den farbigen Kästchen erkennst du, ob ein Test leicht ■ □ □, mittelschwierig ■ ■ □ oder schwierig ■ ■ ■ ist.
- Anhand der **ausführlichen Lösungen** kannst du überprüfen, ob du alles richtig gemacht hast. Du findest sie am Ende des Buches.
- **Tipps** (wie bei Test 5) helfen dir bei besonders kniffligen Aufgaben auf die Sprünge.
- Das Übungsbuch ist so aufgebaut, dass du dir einzelne Tests zu bestimmten **Themen** heraussuchen kannst. Du musst das Buch nicht von vorn nach hinten durcharbeiten. Bei Themen, die du schwierig findest, solltest du immer ganz am Anfang des Themas beginnen. Bei leichteren Themen kannst du auch mit ■ ■ □- oder ■ ■ ■-Aufgaben einsteigen.

Wir wünschen dir viel Spaß und Erfolg!

INHALTSVERZEICHNIS

Rechtschreibung

Rechtschreibtipps
Richtig abschreiben 7
Finde die Fehler! 8
Verwandte suchen 9
Wörter verlängern 11
Silbentrennung 12

Vokale
Kurze Vokale 13
Lange Vokale 15
Kurze und lange Vokale 17

Konsonanten
s-Laute 18
Ähnlich klingende Laute 20

Groß- und Kleinschreibung
Satzanfänge 24
Erkennungszeichen von Nomen 25
Anredepronomen 27
Nomensignale im Text 28
Nominalisierungen 30

Getrennt- und Zusammenschreibung 32

Wortarten

Nomen
Die Nomen 36
Der Nominativ 37
Der Akkusativ 38
Der Dativ 39
Der Genitiv 41
Die Fälle 42

Artikel
Der bestimmte Artikel 43
Der unbestimmte Artikel 44

Pronomen
Das Personalpronomen 45
Das Possessivpronomen 47
Das Demonstrativpronomen 48

INHALTSVERZEICHNIS

Das Relativpronomen	49
Das Fragepronomen (Interrogativpronomen)	50
Das unbestimmte Fürwort (Indefinitpronomen)	51

Verben

Das Verb und die Personalform	53
Der Imperativ	56
Das Präsens	57
Das Präteritum	58
Das Perfekt	60
Das Plusquamperfekt	61
Die Verwendung der Zeiten	62
Das Futur	63
Alles Wichtige zur Zeit	64
Aktiv und Passiv	66
Starke und schwache Verben	67

Adjektive

Die Adjektive	68
Steigerung und Deklination von Adjektiven	69

Unveränderbare Wortarten

Adverbien	70
Konjunktionen	72
Präpositionen	73

Wortbildung

Zusammensetzungen (Komposita)	74
Grundwörter und Bestimmungswörter	75
Ableitungen	77
Die Bildung von Nomen und Adjektiven	78
Wortfamilien	79
Wortfelder	80
Oberbegriffe und Unterbegriffe	82

Satzlehre

Sätze

Der Aussagesatz	84
Der Fragesatz	85
Der Aufforderungssatz	86
Satzreihen	87
Satzgefüge	88

INHALTSVERZEICHNIS

Satzglieder

Die Umstellprobe	90
Das Prädikat	91
Das Subjekt	92
Das Akkusativobjekt	93
Das Dativobjekt	94
Das Genitivobjekt	95
Das Präpositionalobjekt	96
Die Weglassprobe	97
Die adverbiale Bestimmung des Ortes	98
Die adverbiale Bestimmung der Zeit	99
Die adverbiale Bestimmung des Grundes	100
Die adverbiale Bestimmung der Art und Weise	101
Das Attribut	102

Zeichensetzung

Die Anführungszeichen	104
Das Komma bei Satzreihen	105
Das Komma bei Satzgefügen	106
Das Komma bei Appositionen und Partizipgruppen	109

Lösungen 110

RECHTSCHREIBUNG

Test 1   Schwierigkeitsstufe

Rechtschreibtipps – *richtig abschreiben*

Vor dem Diktat

1. Beim Diktat darfst du natürlich nicht abschreiben, aber vorher ist es eine gute Übung. Schreibe folgende Wörter richtig ab.

   somit, Konzentration, Brotlaib, Ananas, Paket, hinzukommen, Kuckuck, abschreiben, Reise, leer, Katze, reif, Boot, stören, herausfinden, räumen, Rechenaufgabe, toll, Katastrophe, Ofen, Aal, Riese, mies, Ruß, Freude, Keule, Räuber

RECHTSCHREIBUNG

Test 2  Schwierigkeitsstufe

Rechtschreibtipps – *Finde die Fehler!*

Sina, schau hin!

1. a) Sina wollte mit der Aufgabe in Test 1 ganz besonders schnell fertig werden. Es ist jedoch nichts Gutes dabei herausgekommen. Unterstreiche alle Fehler, die Sina gemacht hat. Schaue dabei nicht in Test 1.

    somitt, Kontzentration, Brotleib, Annanas, Packet, hin zukommen, Kukuk, abschraiben, Reiße, lehr, Kattze, raif, Boht, stöhren, heraus finden, reumen, Rächenaufgabe, tol, Katastrofe, Oofen, Ahl, Riehse, mis, Ruhs, Fräude, Käule, Reuber

    b) Schreibe nun alle Wörter, die Sina falsch geschrieben hat, richtig auf die Linien. Schaue dabei nicht in Test 1.

RECHTSCHREIBUNG

Test 3 — Schwierigkeitsstufe

Rechtschreibtipps – *Verwandte suchen*

Wer mit wem?

1. Kreuze in jeder Zeile die Wörter an, die miteinander verwandt sind.

   a) Buch ☐ Bücherregal ☐ Pizza ☐
   b) Wette ☐ gehen ☐ wetten ☐
   c) rufen ☐ spielen ☐ Spielzeug ☐
   d) halten ☐ Anhalter ☐ stoppen ☐
   e) hoffen ☐ Hoffnung ☐ reisen ☐
   f) kalt ☐ Kälte ☐ Sommer ☐
   g) Riese ☐ groß ☐ riesig ☐
   h) erst ☐ früh ☐ Frühe ☐
   i) essen ☐ speisen ☐ Speise ☐
   j) Musik ☐ laut ☐ musikalisch ☐

Ein Zuschauer schaut, ein Schauspieler spielt

2. Es gibt zwei Tricks, um sich die Schreibweise besonders schwieriger Wörter besser merken zu können.
   (a) Schreibe die kniffligen Wörter mehrmals ab.
   (b) Suche die Verwandten dieser Wörter.

   Wende jetzt den zweiten Trick an und suche zu den folgenden Wörtern jeweils zwei weitere Verwandte.

   Haus, schreiben, konzentrieren, sicher

   Gehäuse, Hausbau

RECHTSCHREIBUNG

Test 4  Schwierigkeitsstufe

Rechtschreibtipps – *Verwandte suchen*

Folgerichtig

1. Ob ein Wort mit *äu* oder mit *eu* geschrieben wird, hängt ganz davon ab, ob das verwandte Wort mit *au* oder *eu* geschrieben wird. Setze *äu* und *au* in die Lücken ein.

   a) B___m → B___me
   b) Tr___m → Tr___me
   c) L___f → L___fe
   d) H___s → H___ser
   e) R___m → r___men

Was ist anders in Kleinhausen?

2. In Kleinhausen ist alles viel kleiner als in Größingen. Darum gibt es auch keine Häuser, sondern nur Häuschen. Ergänze die Tabelle.

Größingen	Kleinhausen
Wald	Wäldchen
Hand	
Wand	
Rad	
Laden	
Kasten	
Bank	
Schrank	

10

RECHTSCHREIBUNG

Test 5  Schwierigkeitsstufe

Rechtschreibtipps – *Wörter verlängern*

Wörter verlängern

1. Wenn du nicht sicher bist, ob ein Wort mit *t* oder *d*, mit *g* oder *k* oder mit *b* oder *p* am Ende geschrieben wird, dann hilft es oft, das Wort zu verlängern. Wenn man das verlängerte Wort spricht, hört man meistens ganz deutlich, auf welchen Buchstaben das Wort endet.
   Bei den folgenden Wörtern fehlt der letzte Buchstabe. Verlängere zunächst das Wort, sprich es laut aus und setze dann den richtigen Buchstaben ein.

   a) Wälder   Wal d   b) _____ kal ___
   c) _____   Hel ___   d) _____ Tei ___
   e) _____   Ste ___   f) _____ Ta ___
   g) _____   Lo ___   h) _____ Kor ___
   i) _____   Tan ___   j) _____ Hal ___
   k) _____   San ___   l) _____ Wan ___

Verwandtschaft suchen oder verlängern?

2. Prüfe zunächst mit einer Wortverwandtschaft oder einer Wortverlängerung, mit welchen Buchstaben die Lücken gefüllt werden müssen. Schreibe dein „Helferwort" unten auf. Setze anschließend die fehlenden Buchstaben in den Text ein.

   In der Schule haben wir heute Märchen gelesen. Anschließend sollten wir pro Gruppe ein **(a)** Plaka ___ für die **(b)** W ___ nde im Klassenzimmer gestalten. Darauf sollte jeweils ein Märchen zu sehen sein. Viele sind leider nicht **(c)** ferti ___ geworden, sodass die Mauern immer noch etwas **(d)** kal ___ wirken. Aber morgen ist auch noch ein **(e)** Ta ___, an dem wir an unserem Wandschmuck arbeiten können.

   (a) _____   (b) _____
   (c) _____   (d) _____
   (e) _____

RECHTSCHREIBUNG

Test 6  Schwierigkeitsstufe

Rechtschreibtipps – *Silbentrennung*

Toms Problem

1. Manchmal hilft es, sich ein Wort silbenweise vorzusagen. Tom kennt diesen Trick auch. Er ist allerdings etwas ungeschickt, wenn es darum geht, die einzelnen Silben eines Wortes zu erkennen. Hilf Tom und unterstreiche alle falsch zerlegten Wörter.

   Heuernte, Waldlehrpfad, Kontoauszüge, Füllfederhalter, Rotkehlchen, Luftschloss, außergewöhnlich, Fabrikarbeiter, unbedingt, Sommerurlaub, Flugzeugreparatur, Silbentrennung, Märchenstunde, Geburtstagsfest, Wettstreit, Besonderheit, hier, Lampenfieber

   a) Heu – ern – te **b)** Wa – ld – lehr – pfad **c)** Ko – nto – aus – züge

   d) Füll – feder – hal – ter **e)** R – ot – kehlchen **f)** Luft – schloss

   g) au – ßer – ge – wöhn – lich **h)** Fa – brik – ar –bei – ter **i)** un – be – dingt

   j) So – mmer – ur –laub **k)** Flu – gzeug – reparatur **l)** We – tt – streit

   m) Sil – ben – tren – nung **n)** Mär – chen – stun – de **o)** h – ier

   p) Geburtstags – fest **q)** Be – son – der – heit **r)** Lam – pen – fie – ber

Hilfe für Tom

2. Hilf Tom noch einmal und trenne die Wörter richtig, die in der vorigen Aufgabe falsch waren.

RECHTSCHREIBUNG

Test 7   Schwierigkeitsstufe

Vokale – *kurze Vokale*

Der Dackel Anton reißt aus

1. Anton, der Dackel, geht gerne auf eigene Faust los. Umkreise die Vokale in den unterstrichenen Wörtern.

   Anton ist Lindas Hund. Eigentlich ist er das treueste Haustier, das man sich nur wünschen kann, aber wenn Linda nicht genug Zeit für Anton hat, macht er sich ganz allein auf die Socken ... äh Pfoten. Neulich lief er ganz allein am Flussufer entlang und bellte die Schiffe an, die vorbeifuhren. Auf den lustigen Hund aufmerksam geworden, rief ein Kapitän die Hafenpolizei, die sich um das herrenlose Tier kümmern sollte. Zum Glück trug Anton ein Halsband, auf dem stand, wem er gehört und wo er wohnt. Linda, die Anton schon überall gesucht hat, war erleichtert, als sie die Polizisten mit ihrem geliebten Tier sah. Seitdem verbringt Linda viel mehr Zeit mit Anton.

Mathematik für Einsteiger

2. Zähle die Vokale in den folgenden Wörtern und schreibe ihre Anzahl auf.

   a) Hustenlutschpastillen _____
   b) Kakteentopfuntersetzer _____
   c) Wunderradiergummi _____
   d) Suchspielanleitung _____
   e) Motorbootführerschein _____
   f) Dachrinnenhalteklammer _____
   g) Fußrückenbedecktuch _____
   h) Uhunestbaukunst _____
   i) Schuhsohlenbürste _____
   j) Kuhstalleingangstür _____

RECHTSCHREIBUNG

Test 8  Schwierigkeitsstufe

Vokale – *kurze Vokale*

Was ist es?

1. Wie lautet das gesuchte Wort?

   Es sieht aus wie eine große Maus, aber es ist eine *Ratte*.

   a) Eine Suppe kocht man in einem _____.
   b) Die Mäuse im Keller fängt eine _____.
   c) Wenn alles dreckig ist, muss man _____.
   d) Wenn es sehr heiß ist, muss man _____.
   e) Wenn man etwas lustig findet, muss man _____.
   f) Ganz unten im Haus ist der _____.
   g) Nach dem Morgen kommt der _____.
   h) Wasser ist _____.
   i) Ein männliches Schaf heißt _____.

Bitte mit Senf

2. Lass dir den Text von deinen Eltern, deinen Geschwistern oder deinen Freunden diktieren.

   In der Ballstraße in einem kleinen Kaff steht eine Frittenbude. Dort bekommt man nicht nur goldgelbe Fritten, sondern auch die beste Bratwurst der ganzen Stadt. Anna und ihre Freundinnen essen dort einmal im Monat eine Wurst. Dabei haben alle eine besondere Vorliebe. Anna mag die Wurst nur geschnitten, ihre Freundin Edda isst sie ohne Curry und Lilli nimmt immer Senf dazu.

RECHTSCHREIBUNG

Test 9   Schwierigkeitsstufe

Vokale – *lange Vokale*

L**be Fr**da

1. Ergänze den i-Laut.

L____be Fr____da,

____ch freue m____ch, dass du uns bald besuchen w____rst. W____r könnten dann w____ ____m letzten Jahr draußen sp____len, da das Wetter wunderschön ist. D____ses Jahr blüht der Fl____der ganz besonders prächtig und er duftet w____ s____ben Flaschen Parfum. Mein großer Bruder ist auch n____cht mehr so f____s w____ im letzten Jahr, da er jetzt glücklich verl____bt ist. Wir haben jetzt auch einen w____nzigen Hund. In einigen Jahren wird er allerdings r____sig sein.

V____le Grüße an deine Fam____l____.
Deine Petra

Wortfinder

2. Gesucht wird ein Wort mit langem i.

a) Ein Ding, das eine Arbeit ausführt ist eine _____.

b) Vögel können _____.

c) Die Anzahl der Zwerge lautet _____.

d) Das Gegenteil von Krieg ist _____.

e) Eine Raubkatze mit Streifen ist ein _____.

f) Katzen sind keine Menschen, sondern _____.

g) Ein sehr großer Mensch ist ein _____.

h) Bretter unter den Füßen nennt man _____.

RECHTSCHREIBUNG

Test 10  Schwierigkeitsstufe

Vokale – *lange Vokale*

Doppelt hält besser!

1. Bilde Sätze mit den folgenden Wörtern.

   Boot/Meer (fahren)

   _____

   Fee/Himbeere (zaubern)

   _____

   Speer/Klee (landen)

   _____

   Teekanne/leer (sein)

   _____

Krank sein

2. Ergänze die fehlenden Buchstaben.

   a) Paul hat F____ber. Seit er mit seinen Freunden im Schnee gesp____lt hat und
   b) i____m Sch____l und Mütze f____lten, muss er ständig n____sen. N____n
   c) l____gt er schon v____le Tage im Bett und f____lt sich m____s. Zum Glück
   d) besucht i____n Harald jeden Mittag nach der Schule. Dann sp____len s____
   e) gemeinsam ein Kartensp____l, bis Harald w____der nach Hause muss.
   f) In sp____testens drei Tagen wird Paul w____der nach draußen können.

RECHTSCHREIBUNG

Test 11  Schwierigkeitsstufe

Vokale – *kurze und lange Vokale*

Was ist lang?

1. Wie viele lange Vokale haben die folgenden Wörter?

   a) Wohlstand _____
   b) Lüge _____
   c) Pfingstmontag _____
   d) Schuh _____
   e) Kuchen _____
   f) Wasserdampf _____
   g) Ruß _____
   h) Bundesstraße _____
   i) Küche _____

Was ist kurz?

2. Wie viele kurze Vokale haben die folgenden Wörter?

   a) Riss _____
   b) Los _____
   c) Stoßdämpfer _____
   d) Mittelmaß _____
   e) Hüpfburg _____
   f) Suppenschüssel _____
   g) Sahneschnitte _____
   h) Tuch _____
   i) Grünkohl _____

RECHTSCHREIBUNG

Test 12  Schwierigkeitsstufe

Konsonanten – s-Laute

Die verschiedenen s-Laute

1. Ordne die Wörter nach ihren s-Lauten in die Tabelle ein.

   Kiste, Kuss, Gruß, husten, müssen, Fuß, Kasten, Hast, hassen, lassen, gießen, Liste, Pass, Rast, Kissen, List, Last, Wasser, schießen, lesen, Biest, Mist, Wiese, Riese

Wörter mit s	Wörter mit ss	Wörter mit ß

Hier zählt deine Stimme!

2. s-Laute kann man in stimmhafte und stimmlose Laute einteilen. Bei den stimmhaften Lauten kann man ein Zittern fühlen, wenn man die Hand auf den Hals legt. Entscheide, ob der s-Laut in den folgenden Wörtern stimmhaft oder stimmlos ist.

   a) rasseln   stimmhaft ☐   stimmlos ☐
   b) Rose   stimmhaft ☐   stimmlos ☐
   c) Riss   stimmhaft ☐   stimmlos ☐
   d) Riese   stimmhaft ☐   stimmlos ☐
   e) Kasse   stimmhaft ☐   stimmlos ☐
   f) Reise   stimmhaft ☐   stimmlos ☐
   g) leise   stimmhaft ☐   stimmlos ☐

RECHTSCHREIBUNG

Test 13  Schwierigkeitsstufe

Konsonanten – *s-Laute*

Schlange stehen

1. Nach einem kurzen Vokal kann *ss* oder *s* stehen. Ergänze hier den Doppelkonsonanten.

„La____ das und fa____ jetzt bitte nichts mehr an", mahnt der Vater Julia beim Schlangestehen an der Ka____e. „Ich will aber wi____en, was ich für einen Lolli zahlen mu____", qua____elt die kleine Julia weiter. „Und außerdem darfst du den Ka____enbon für Mama nicht verge____en. Die schimpft sonst wieder, da____ man sich auf dich nicht verla____n kann!" „Du bist eine kleine Nervensäge. Ich möchte wirklich mal wi____en, von wem du das hast", sagt Papa.

Sing das „s"!

2. Jetzt geht es um Wörter mit einem langen Vokal, bei denen man am Ende ein stimmloses *s* hört (z. B. *Gras*). Denn es ist schwierig herauszufinden, ob das Wort mit einfachem *s* oder *ß* geschrieben wird.
Aber es gibt einen Trick, der dir hilft! Wenn du das Wort verlängerst und du ein stimmhaftes *s* hörst, dann wird das Wort mit einfachem *s* geschrieben (z. B. *Gräser*).

Verlängere die folgenden Wörter:

Gras   *Gräser*
Vers   _____
lies   _____
Preis _____
Kreis _____

RECHTSCHREIBUNG

Test 14  Schwierigkeitsstufe

Konsonanten – *ähnlich klingende Laute*

Fehlerfinder (x, chs, ck)

1. Finde die Fehler in jedem Satz und schreibe den Satz richtig auf.

   a) Die Kerze aus Wax wächst nicht.
   _____

   b) Das Wetter ist heute weckselhaft.
   _____

   c) Tina hat sich mit Farbe beklext.
   _____

   d) Kerstins Vater fährt Taksi.
   _____

Die Steinschleuder (sch, sp, st)

2. Ordne die unterstrichenen Wörter in die Tabelle ein.

   Johannes steht auf Steinschleudern. Er findet es schön, wenn ein Gegenstand mithilfe einfachster Mittel auf eine hohe Geschwindigkeit beschleunigt werden kann. Darum baut er am Nachmittag oder an schulfreien Tagen eine Schleuder nach der anderen und schießt damit Steine die Straße entlang. Normalerweise ist Johannes schon sehr vorsichtig, aber heute ist einfach nicht sein Tag. Er spannt die Schleuder, legt den Stein ein, schießt und der Stein fliegt durch ein Fenster. Tausend Scherben liegen nun auf der Straße. Heute hat er beim Spielen kein Glück.

sch	s

RECHTSCHREIBUNG

Test 15 — Schwierigkeitsstufe

Konsonanten – *ähnlich klingende Laute*

Ein wichtiger Auftrag (-ig, -lich)

1. **Ergänze die Endungen.**

   (a) Detektiv Jones ist schon seit Jahren im Geschäft. Eines sonn_____ en Morgens

   (b) aber bekam er es mit dem schwier_____ sten Fall seines bisher langweil_____ en

   (c) Lebens zu tun. Eine aufgeregte Frau stand in der alten, häss_____ en Tür und

   (d) stammelte aufgeregt etwas von Schlägen, die töd_____ gewesen sein mussten.

   (e) Glück_____ erweise gab es schon drei Tatverdächtige. Ein kleiner,

   (f) zuverläss_____ er Hafenarbeiter, eine weiner_____ e, zierliche Sekretärin und ein

   (g) großer, starker Berufsboxer mit reich_____ vielen Flüchen im Wortschatz.
   Als Jones zum Tatort kam, stellte er fest, dass der Täter eine Leiter benutzt hatte, um

   (h) dem Opfer kräft_____ auf den Hinterkopf zu schlagen. Außerdem fand man ein

   Seil, wie es zum Vertäuen der Schiffe verwendet wird.

RECHTSCHREIBUNG

Test 16

Konsonanten – *ähnlich klingende Laute*

Löse den Fall!

1. Verwende die folgenden Wörter, um Detektiv Jones (siehe Test 15) zu erklären, was passiert ist.

   Hafenarbeiter schuldig/Boxer unschuldig/Täter benutzt Leiter/Boxer sehr groß, braucht keine Leiter/Sekretärin unschuldig/keine Fingerabdrücke auf Tau/ Hafenarbeiter übrig

RECHTSCHREIBUNG

Test 17  Schwierigkeitsstufe

Konsonanten – *ähnlich klingende Laute*

Der Flug der Vögel (f oder v?)

1. Ergänze die Lücken im Text.

   (a) Noch be___or es ___riert, ___liegen die ___ögel in den Süden.

   (b) Während ihres ___lugs kann man beobachten, dass sie in einer bestimmten

   (c) ___ormation fliegen. ___orn ___liegen meistens wenige Tiere ___oran

   (d) und der Rest des Schwarms fliegt v-___örmig hinterher.

   (e) Dann fliegen sie über ___elder und ___lüsse bis nach A___rika.

Fridolin Fehlerteufel

2. Fridolin hasst Diktate. Das ist auch kein Wunder, denn Fridolin macht viele Fehler. Finde die Fehler und schreibe den Text einmal richtig auf.

   Die zerbrochene Fase
   Mutter hat eine vertwolle Fase. Die stammt noch aus der Zeit ihres Urgroßfaters, der sie wiederum von seinem Fetter zum Geburtstag geschenkt bekommen hat. An einem Fomittag war Folker unforsichtig und stieß an die Fase, sodass sie zerbrach und in fiele, kleine Scherben zerviel. So ein Pech!

   _____
   _____
   _____
   _____
   _____
   _____

RECHTSCHREIBUNG

Test 18  Schwierigkeitsstufe

Groß- und Kleinschreibung – *Satzanfänge*

Was stimmt?

1. Entscheide, ob die Aussagen richtig oder falsch sind.

   a) Nach einem Punkt beginnt ein neuer Satz.
      richtig ☐   falsch ☐

   b) Nach einem Komma beginnt ein neuer Satz.
      richtig ☐   falsch ☐

   c) Satzanfänge schreibt man groß.
      richtig ☐   falsch ☐

   d) Satzanfänge schreibt man schön.
      richtig ☐   falsch ☐

   e) Nur Nomen schreibt man bei Satzanfängen groß.
      richtig ☐   falsch ☐

... Anfang verloren gegangen!

2. Ergänze den Satzanfang mit dem Wort in Klammern.

   a) _____ hat Freude am Basketballspielen. (Caroline)
   b) _____ mag Mannschaftssportarten. (sie)
   c) _____ liest gerne. (Harald)
   d) _____ gutes Buch ist für ihn das Größte. (ein)
   e) _____ baut Modellautos. (Erik)
   f) _____ stellt er sich dann ins Regal. (diese)
   g) _____ hat drei Fische, einen Hamster und eine Katze. (Pia)
   h) _____ mag Tiere. (sie)

RECHTSCHREIBUNG

Test 19 — Schwierigkeitsstufe

Groß- und Kleinschreibung – *Erkennungszeichen von Nomen*

Typisch Nomen

1. **Nomen haben oft typische Endungen. Finde sie heraus.**

   Heiterkeit, Ärgernis, Freundlichkeit, Verwandtschaft, Geheimnis, Wagnis, Endung, Fertigung, Freundschaft, Ehrlichkeit, Mannschaft, Richtung

   Nomenendungen sind: _____ , _____ , _____ , _____ .

Mach mal wieder Ordnung!

2. **Ordne die Nomen aus der vorigen Aufgabe nach ihren Endungen in die Tabelle ein. Trage zuerst die Endungen in den Kopf der Tabelle ein.**

Aufgepasst!

3. **Unterstreiche die Nomenendungen aus den zwei vorherigen Aufgaben im Text.**

   Die Freude ist groß, als Jana und Ida erfahren, dass die Wanderung am Fluss entlang nach Frankreich gehen soll. Janas und Idas Freundschaft besteht schon seit Langem und sie waren schon oft gemeinsam auf Wanderschaft, aber in Richtung Frankreich waren sie noch nie unterwegs. Sofort fangen sie an, Pläne zu schmieden und machen aus ihrer Vorfreude kein Geheimnis. Morgen soll es losgehen und Jana und Ida können vor Aufregung kaum schlafen.

RECHTSCHREIBUNG

Test 20  Schwierigkeitsstufe

Groß- und Kleinschreibung – *Erkennungszeichen von Nomen*

Noch mehr Endungen

1. Nomen enden nicht nur wie in den vorangehenden Aufgaben. Es gibt noch andere Nomenkennzeichen. Lies dir die Sätze aufmerksam durch und schreibe auf die Linie, welche typischen Nomenendungen du noch entdeckt hast.

    Der Bäcker im Dorf stellt das beste Brot her.

    Im Zoo kümmert sich der Tierpfleger um die Tiere.

    Gesundheit ist wichtiger als Macht.

    Deine Unverfrorenheit geht mir wirklich zu weit.

    Gestern Nacht ist bei unseren Nachbarn ein Einbrecher durchs Fenster gekommen.

    _____

Wörter finden mit Entschlossenheit und Eifer

2. Finde auf diese Endungen nun selbst jeweils mindestens sechs Wörter.

-heit	-er

RECHTSCHREIBUNG

Test 21  Schwierigkeitsstufe

Groß- und Kleinschreibung – *Anredepronomen*

Sehr geehrte Frau Schmitt

1. Schreibe einen höflichen Brief an Frau Schmitt von der lokalen Zeitung und erkläre ihr, warum du mit ihrem Artikel „Es gibt keine Umweltverschmutzung" nicht einverstanden bist.

Tütensuppe

2. Lass dir den Text von jemandem diktieren.

Füllen Sie den Topf mit einem halben Liter Wasser. Bringen Sie dieses Wasser zum Kochen. Öffnen Sie nun die Tüte mit dem Pulver und geben Sie den Inhalt unter ständigem Umrühren in das Wasser. Achten Sie darauf, dass das Pulver im Wasser keine Klumpen bildet. Lassen Sie nun die Suppe bei schwacher Hitze fünf bis sieben Minuten kochen und servieren Sie die Suppe Ihren Gästen sofort. Lassen auch Sie sich Ihre Suppe schmecken.

RECHTSCHREIBUNG

Test 22 — Schwierigkeitsstufe

Groß- und Kleinschreibung – *Nomensignale im Text*

Der Welpendieb

1. Nomen kann man an einem vorangehenden Artikel erkennen. Unterstreiche alle Artikel, die vor einem Nomen stehen.

   Seit einiger Zeit treibt ein fieser Welpendieb in der Stadt sein Unwesen. Er steigt nachts in die Häuser ein und stiehlt die jungen Hunde. Die Hunde verkauft er dann für viel Geld an Menschen, die sich schon lange ein kleines Hündchen wünschen. Zum Glück ist der Dieb mittlerweile hinter Schloss und Riegel und kann den kleinen Hunden nichts mehr anhaben. Eine mutige Frau aus der Nachbarschaft hat gesehen, wie der Dieb in ein Haus eingestiegen ist. Sie hat das Fenster von außen verrammelt, sodass es für den Übeltäter kein Entkommen mehr gab.
   Gut gemacht! Das Zuschauen allein hat noch nie geholfen.

So geht es auch

2. Ein Kennzeichen für ein Nomen kann auch ein vorangehendes Pronomen (Possessivpronomen, Demonstrativpronomen, Indefinitpronomen) sein. Ist das hier der Fall?

   a) Tanja füttert ihren Hund. ja ☐ nein ☐
   b) Karl verschenkt diesen Fußball. ja ☐ nein ☐
   c) Susanne glaubt nicht, dass es heute regnet. ja ☐ nein ☐
   d) Henning sucht seine Socken. ja ☐ nein ☐
   e) Jenny hat etwas Heimweh. ja ☐ nein ☐
   f) Jack betreut seine Oma. ja ☐ nein ☐

RECHTSCHREIBUNG

Test 23 — Schwierigkeitsstufe

Groß- und Kleinschreibung – *Nomensignale im Text*

Das schöne Fest

1. Einem Nomen geht häufig ein Adjektiv voran. Denk dir für jeden Satz ein passendes Adjektiv aus.

   a) Das ist ein _____ Auto.

   b) Paula sieht einen _____ Baum.

   c) Heute ist _____ Wetter.

Im Klassenzimmer ist die Hölle los!

2. Einem Nomen geht häufig eine Präposition oder ein Zahlwort voran. Ordne diese Nomensignale aus dem Text in die Tabelle ein. (Tipp: Manchmal ist eine Präposition mit einem Artikel verschmolzen; z. B. im = in dem.)

   Im Klassenzimmer ist die Hölle los. Franziska hängt an der Tafel, Klaus sitzt im Papierkorb und drei Schüler haben sich unter dem Pult versteckt. Verena hat ihre Schultasche aus dem Fenster gehalten und dabei sind die Sachen auf den Schulhof gefallen. Ihr Matheheft wird sie wahrscheinlich nie mehr finden. Lustig ist es aber schon.

Artikel	Pronomen	Präposition	Zahlwort
		im Klassenzimmer	

Nudelgericht

3. Lass dir den Text von jemandem diktieren.

   Echte italienische Nudeln gelingen nur selten. Bringe in einem Topf drei Liter Wasser zum Kochen, gib ein bisschen Salz in den Topf und gib anschließend die Nudeln in den Topf. Die Kochzeit ist von Nudel zu Nudel unterschiedlich.

RECHTSCHREIBUNG

Test 24 — Schwierigkeitsstufe

Groß- und Kleinschreibung – *Nominalisierungen*

Ich war mal ein Adjektiv

1. Wurde das Nomen aus einem Adjektiv gebildet?

   a) Im Freien steht ein Haus.   ja ☐   nein ☐
   b) Das Laufen macht mir Spaß.   ja ☐   nein ☐
   c) Das Schloss steht auf einem Berg.   ja ☐   nein ☐
   d) Darin wohnt der König.   ja ☐   nein ☐
   e) Er rät ins Blaue hinein.   ja ☐   nein ☐
   f) Wir machen nichts Schlimmes.   ja ☐   nein ☐
   g) Sie mögen das Schwimmen.   ja ☐   nein ☐
   h) Er fürchtet Schlimmes.   ja ☐   nein ☐

Ich war mal ein Verb

2. Wurde das Nomen aus einem Verb gebildet?

   a) Das Kleine finde ich schön.   ja ☐   nein ☐
   b) Das Halten macht mir Mühe.   ja ☐   nein ☐
   c) Er träumte vom Fliegen.   ja ☐   nein ☐
   d) Sie träumte nichts Gutes.   ja ☐   nein ☐
   e) Wir hoffen das Beste.   ja ☐   nein ☐
   f) Sie weiß nichts Neues.   ja ☐   nein ☐
   g) Ihm fällt das Lesen schwer.   ja ☐   nein ☐
   h) Wir gehen heute zum Schwimmen.   ja ☐   nein ☐

RECHTSCHREIBUNG

Test 25 — Schwierigkeitsstufe

Groß- und Kleinschreibung – *Nominalisierungen*

Mach was draus!

1. Verwandle die Wörter in Nomen und denke dir für jedes Nomen einen Satz aus.

   laufen, groß, grün, husten, schnell, lieb, backen, schenken, fallen, klebrig

Eintopf mit Würstchen

2. Lass dir den Text von jemandem diktieren.

   Etwas ganz besonders Leckeres ist der Eintopf meiner Oma. Das Kleinschneiden der Zutaten ist natürlich etwas mühsam, dafür schmeckt das Gericht aber besonders gut. Zuerst muss man sich mit dem Schneiden der Kartoffeln abmühen. Danach geht es dem anderen Gemüse an den Kragen. Das Schlimmste ist das Zerkleinern der Zwiebeln. Das Heulen hört dann fast nicht mehr auf. Alles kommt in einen Topf und dazu gibt man einige Würstchen. Das Schneiden in Scheiben ist natürlich schon erledigt.

RECHTSCHREIBUNG

Test 26 — Schwierigkeitsstufe

Getrennt- und Zusammenschreibung

Es gibt viel zu tun

1. Hans und Doris denken sich Tätigkeiten aus, bei denen man zwei Dinge gleichzeitig tut, d. h. man braucht zwei Verben, wie z. B. in *schwimmen gehen*. Diese Verbindungen werden normalerweise getrennt geschrieben. Kreuze an, ob die Schreibweise richtig oder falsch ist.

   a) laufenlernen
      richtig ☐   falsch ☐

   b) suchen gehen
      richtig ☐   falsch ☐

   c) fliegen lassen
      richtig ☐   falsch ☐

   d) arbeitenkommen
      richtig ☐   falsch ☐

Der Angriff der Fehlerteufel

2. Hans schreibt abends in sein Tagebuch, was er heute mit Doris erlebt hat. Dabei haben sich einige Fehler eingeschlichen. Schreibe den Text ab und verbessere die Fehler.

   Liebes Tagebuch,
   Doris und ich haben heute richtig viel erlebendürfen. Zuerst waren wir auf einer großen Wiese und haben dort Drachen steigenlassen. Danach wollten wir auf den großen Spielplatz spielengehen, aber Doris' Brille ist verlorengegangen. Nachdem uns drei andere Kinder suchenhalfen, haben wir sie endlich gefunden.

   _____
   _____
   _____
   _____

RECHTSCHREIBUNG

Test 27 — Schwierigkeitsstufe

Getrennt- und Zusammenschreibung

Tiere in der Wildnis

1. Onkel A. Ngeber war heute bei Hans und Doris zu Besuch und berichtete von seiner letzten Safari. Schau dir die Sätze genau an und unterstreiche alle Fehler. Denke daran, dass auch Verbindungen aus Nomen und Verb normalerweise getrennt geschrieben werden.

   a) „Viele Touristen beobachten die wilden Tiere, während sie Autofahren.

   b) Das habe ich gar nicht nötig, denn ich kann mich selbst den größten und gefährlichsten Tieren in den Weg stellen.

   c) Einmal wollte mich ein Löwe, der König der Tiere, fressen, doch ich konnte ihm gerade rechtzeitig noch das Maulstopfen.

   d) Der Löwe brüllte, riss schon das Maul auf, sodass man die gigantischen Reißzähne sehen konnte, während ich noch einen Stocksuchen war.

   e) Als ich endlich einen gefunden hatte, warf ich ihm den Stock ins Maul, er drehte sich und der Löwe konnte sein Maul nicht mehr schließen.

   f) Wenn heute Touristen eine Safarimachen und den Löwen mit dem aufgerissenen Maul sehen, rufen sie: ‚Leg dich niemals mit Onkel A. Ngeber an!'"

Was hast du im letzten Urlaub erlebt?

2. Bilde mit den vorgegebenen Wörtern Sätze, die von deinem letzten Urlaub handeln.

   Fahrrad fahren, Fußball spielen, Fotos schießen

   _____

   _____

   _____

RECHTSCHREIBUNG

Test 28  Schwierigkeitsstufe

Getrennt- und Zusammenschreibung

Das meine ich doch ganz anders!

1. Wenn man zwei Wörter – wie z. B. *sitzen bleiben* – zusammenschreibt, ändert sich die Bedeutung. *Sitzenbleiben* bedeutet dann *nicht versetzt werden*.

    Kreuze an, in welchem Zusammenhang zusammengeschrieben wird.

    a) Ich möchte heute den Unterricht blau/machen. ☐
    b) Ich möchte die Ostereier blau/machen. ☐
    c) Der Richter wird den Angeklagten frei/sprechen. ☐
    d) Bei einer Rede sollte man frei/sprechen. ☐
    e) Obwohl der Wecker klingelte, bin ich liegen/geblieben. ☐
    f) Noch so viele Dinge waren zu erledigen, aber alles ist liegen/geblieben. ☐

Einmal getrennt und einmal zusammen, bitte!

2. Verwende jedes Wort in zwei Sätzen, die du dir ausdenkst. Gebrauche die Wörter so, dass sie einmal getrennt und einmal zusammengeschrieben werden.

    a) stehen/lassen
    b) krank/feiern

    _____
    _____
    _____
    _____

RECHTSCHREIBUNG

Test 29  Schwierigkeitsstufe

Getrennt- und Zusammenschreibung

Diktat: Ostern

1. **Lass dir das Diktat von deinen Eltern, Geschwistern oder Freunden diktieren.**

   Zu Ostern bekommen wir Osterferien. Zum Glück müssen wir dann morgens nicht so früh <u>aufstehen</u>, um <u>Ostereier suchen</u> zu gehen. Die werden wir am Tag vorher mit Farbe rot, gelb und <u>blau machen</u>. Mein großer Bruder behauptet scherzhaft, dass „<u>blaumachen</u>" nicht erlaubt ist und lacht, weil ich nicht gleich verstehe, dass er „schwänzen" meint. Ich freue mich schon auf den Nachmittag, denn dann kann die ganze Familie endlich mal wieder <u>zusammenkommen</u>.

Knielang oder Knie lang?

2. **Auch Nomen und Adjektive werden manchmal zusammengeschrieben.**

   a) Entscheide, ob die folgenden Wörter zusammen- oder getrennt geschrieben werden, und schreibe sie richtig auf.

   Susanne hat seit letzter Woche einen neuen Lippenstift. Ihre Lippen sind seitdem _____ (FEUER/ROT).

   Stille. Herzklopfen. Es knarrt. _____ (ANGST/ERFÜLLT) schleiche ich mich die Wendeltreppe hoch ...

   Das Essen schmeckt hervorragend. Das Gemüse ist frisch und knackig und das Fleisch ist _____ (BUTTER/WEICH).

   b) Schreibe nun die gesuchten Wörter aus a) so um, dass sie **getrennt geschrieben werden**.

   _____

   _____

   _____

WORTARTEN

Test 30 — Schwierigkeitsstufe

Nomen – *die Nomen*

Zu zweit ist alles doppelt (so schön)

1. Michael und Martin gehen gemeinsam ins Schwimmbad. Michael packt seine Badetasche. Hinein kommen ein Handtuch, eine Badehose, eine Luftmatratze, eine Badekappe, ein Sonnenschirm, eine Sonnenmilchflasche, eine Liegematte und Seife. Michael trifft Martin im Schwimmbad. Martin hat genau die gleichen Sachen eingepackt. Martin und Michael kippen ihre Taschen aus. Auf ihrem Platz liegen nun:

   zwei Handtücher, _____

   _____

   _____

Trau Klaustadt nicht!

2. Nach Klaustadt kommen die Menschen mit mehreren Dingen einer Sorte. Wenn sie Klaustadt wieder verlassen, haben sie nur noch ein Ding von jeder Sorte. Klaus besuchte vor einigen Tagen Klaustadt und hat nun:

   statt zwei Socken eine Socke,

   a) statt zwei Augen _____ ,

   b) statt zwei Brillengläsern _____ ,

   c) statt zwei Ohren _____ ,

   d) statt zwei Armen _____ ,

   e) statt zwei Händen _____ ,

   f) statt zwei Daumen _____ ,

   g) statt zwei Beinen _____ ,

   h) statt zwei Füßen _____ ,

   i) statt zwei Schuhen _____ ,

   Armer halber Klaus!

WORTARTEN

Test 31 Schwierigkeitsstufe

Nomen – *der Nominativ*

Wir gehen in den Hochseilgarten

1. Kreuze an, ob die unterstrichenen Nomen im Nominativ stehen oder nicht.

   a) In unserer Nähe gibt es einen Hochseilgarten.
      Das Nomen steht im Nominativ. ☒   Das Nomen steht in einem anderen Fall. ☐

   b) Spaß ist hier garantiert.
      Das Nomen steht im Nominativ. ☒   Das Nomen steht in einem anderen Fall. ☐

   c) Man braucht allerdings auch Mut.
      Das Nomen steht im Nominativ. ☐   Das Nomen steht in einem anderen Fall. ☒

   d) Die Menschen auf den Seilen müssen sich manchmal gegenseitig helfen.
      Das Nomen steht im Nominativ. ☒   Das Nomen steht in einem anderen Fall. ☐

   e) Die Idee, in den Hochseilgarten zu gehen, kam von meinem Bruder.
      Das Nomen steht im Nominativ. ☐   Das Nomen steht in einem anderen Fall. ☒

   f) Manchmal hat er richtig gute Ideen.
      Das Nomen steht im Nominativ. ☐   Das Nomen steht in einem anderen Fall. ☒

Auf dem Reiterhof

2. Verwende die Nomen im Nominativ in je einem eigenen kurzen Satz.

   Pferde: *Die Pferde auf der Koppel haben lange Mähnen.*
   Reitstunde: Die Reitstunde war schön.
   Matsch: Matsch ist dreckig.
   Sonnenschein: Der Sonnenschein tut in den Augen weh.
   Wettbewerb: Der Wettbewerb war anstrengend.
   Sieger: Der Sieger strahlte.
   Heimfahrt: Die Heimfahrt war lang.

WORTARTEN

Test 32 Schwierigkeitsstufe

Nomen – *der Akkusativ*

Die Stadtbibliothek

1. Die Klasse 5a macht einen Ausflug in die Leihbücherei und erhält dort eine Führung, bei der die Kinder erfahren, wie man bestimmte Bücher sucht und ausleiht. Ordne alle Nomen in die Tabelle ein.

   Die Klasse 5a startet an der Schule ihren Ausflug. Mit dem Bus geht es zur Stadtbibliothek. Dort werden sie von einem Mann empfangen, der ihnen alles zeigt. Die Kinder erfahren, wo sich die Sachbücher befinden und wie man an einem Computer herausfindet, wo ein bestimmtes Buch steht. Der Tag endet mit einer schwierigen Aufgabe: Die Kinder erhalten eine Liste mit Buchtiteln. Sie müssen nun mithilfe des Computers herausfinden, wo diese Bücher in der Bibliothek stehen und anschließend die Bücher finden.

Nomen im Akkusativ	Nomen in anderen Fällen
Ausflug	Klasse Schule

An der Supermarktkasse

2. Setze die vorgegebenen Nomen in je einem kurzen Satz in den Akkusativ.

   Schlange: _____
   Gedränge: _____
   Kassierer: _____
   Ausgang: _____

WORTARTEN

Test 33 — Schwierigkeitsstufe

Nomen – *der Dativ*

Noch Fragen?

1. Frage nach dem unterstrichenen Wort und entscheide dann, ob es im Dativ steht.

   a) Sybille schenkt der <u>Frau</u> einen Gutschein. _____
   _____ Dativ ja ☐ nein ☐

   b) Petra liest einen <u>Roman</u>. _____
   _____ Dativ ja ☐ nein ☐

Auf dem Markt

2. Unterstreiche das Dativnomen in jedem Satz und verwende es als Dativnomen in einem anderen Satz.

   Der Obstverkäufer reicht einem <u>Mann</u> 1 Kilogramm Bananen.
   Die Frau hinter dem Gemüsestand verkauft einem Mann Möhren.

   a) Der Eisverkäufer schenkt dem Kind eine Kugel Erdbeereis.
   _____

   b) Der Stand mit den Gewürzen gefällt meiner Mutter besonders gut.
   _____

   c) Meinem Vater ist es hier zu langweilig.
   _____

   d) Der Würstchenverkäufer wirft unserem Hund ein Stückchen Wurst zu.
   _____

   e) Dem kommenden Markttag sehe ich mit Freude entgegen.
   _____

WORTARTEN

Test 34  Schwierigkeitsstufe

Nomen – *der Dativ*

Wer mag Katzen?

1. Setze das Nomen und den passenden Artikel oder das passende Adjektiv ein.

   a) Markus gibt _____ einen Fisch. (klein/die Katze)

   b) _____ ist das nicht recht. (der Fisch)

   c) Markus flüstert _____ etwas ins Ohr. (die Katze)

   d) Die Katze streicht _____ um die Füße. (der Junge)

   e) Der Fisch hat _____ sehr gut geschmeckt. (die Katze)

   f) Markus und die Katze mögen sich so sehr, dass sie von _____ getrennt werden können. (niemand)

Mag Markus Katzen?

2. Die unterstrichenen Wörter in den vorgegebenen Sätzen stehen im Nominativ. Verwende diese im Folgesatz immer als Dativobjekt.

   Markus mag Katzen.

   Katzen gefallen Markus.

   a) Die Mutter möchte ihm keine Katze kaufen.

   Markus verspricht _____, immer für die Katze zu sorgen.

   b) Der Vater bekommt von Markus eine Katze.

   Markus schenkt _____ eine Katze.

   c) Die Katze hat Hunger.

   _____ knurrt der Magen.

WORTARTEN

Test 35 — Schwierigkeitsstufe

Nomen – *der Genitiv*

Wer richtig fragt, bekommt auch Antwort!

1. Nomen stehen in einem bestimmten Fall, dem Kasus. Unterstreiche die dazu passende Frage.

   Den Genitiv erfragt man mit
   a) Wem oder Was?
   b) Wessen?
   c) Wie spät ist es?
   d) Was geht?
   e) Wer oder Was?
   f) Warum?
   g) Wovor?
   h) Wie?

Chaos im Klassenzimmer

2. Als die Klasse 5d nach der Pause in ihr Klassenzimmer zurückkommt, trauen die Kinder ihren Augen nicht. Alles ist durcheinander und der Inhalt aller Schultaschen liegt im Klassenzimmer verstreut. Alle versuchen nun gemeinsam, die Sachen wieder zu ordnen. Unterstreiche alle Nomen im Genitiv.

   a) Die roten Hefte sind die der Schülerin Kerstin.
   b) Unter dem Pult liegen der Stift des Lehrers und der Griff des Fensters.
   c) Die Deutschbücher aller Kinder liegen auf den Schränken.
   d) Die Hoffnung der Direktorin ist, dass die Übeltäter bald gefasst werden.
   e) Sie werden dann den Klassenraum der Klasse aufräumen und putzen müssen.
   f) Die Kinder sind besonders enttäuscht, da die Bilder der letzten Kunststunden alle von den Wänden gerissen wurden.
   g) Die Gemeinheit der Übeltäter scheint also grenzenlos zu sein.
   h) Die Freude der Klasse wird groß sein, wenn alles wieder in Ordnung ist.

WORTARTEN

Test 36 — Schwierigkeitsstufe

Nomen – *die Fälle*

Ein glücklicher Fall

1. Schreibe in die Klammern, in welchem Fall das Unterstrichene steht.

   Zwei Männer (a) (_____) treffen sich abends auf der Straße.
   Da fragt der eine den anderen (b) (_____): „Wie kommt es nur,
   dass du dich so sehr deines Lebens (c) (_____) freust?" „Ich habe
   im Lotto gewonnen und werde meinen Job (d) (_____) gleich
   kündigen", antwortet der andere und fragt gleich hinterher: „Und warum freust du
   dich? Hast du auch etwas gewonnen?" „Im Gegenteil", sagt da der andere, „ich werde
   gleich einen Mann (e) (_____) verlieren." Der Lottogewinner
   wundert sich und schaut den anderen fragend an. Dieser lacht verschmitzt und sagt:
   „Ich verliere gleich meinen faulsten Mitarbeiter (f) (_____)!"
   Der Lottogewinner (g) (_____) schaut den anderen beleidigt an
   und geht.

WORTARTEN

Test 37 Schwierigkeitsstufe

Artikel – *der bestimmte Artikel*

Der bestimmte Artikel

1. Ein Artikel steht immer bei einem Nomen. Setze die passenden Artikel in die Lücken ein.

   (a) _____ Freude war groß, als **(b)** _____ Vater **(c)** _____ Kindern mitteilte, dass es in **(d)** _____ Ferien wieder an **(e)** _____ Meer geht. **(f)** _____ Kinder jubelten, weil sie sich daran erinnerten, wie schön es war, im letzten Sommer am Meer **(g)** _____ Sand unter **(h)** _____ Füßen zu spüren und **(i)** _____ schönste Sandburg am ganzen Strand zu bauen. Nur an **(j)** _____ Stau auf der Autobahn erinnern sich **(k)** _____ Kinder nicht gern, da **(l)** _____ Langeweile groß war. **(m)** _____ Vater beruhigt **(n)** _____ Kinder, indem er **(o)** _____ Zugfahrkarten zeigt. **(p)** _____ Kinder freuen sich, dass **(q)** _____ Urlaub diesmal ohne **(r)** _____ lästigen Stau beginnen wird.

Auf alle Fälle

2. Bestimme Kasus, Numerus und Genus der Artikel, die vor den Nomen stehen.

   a) Das Haus ist groß.
   _____

   b) Der Mann kauft das Haus.
   _____

   c) Er besichtigt vorher aber die Zimmer des Hauses.
   _____

   d) Er gibt den Freunden seine neue Adresse.
   _____

WORTARTEN

Test 38 — Schwierigkeitsstufe

Artikel – *der unbestimmte Artikel*

Der unbestimmte Artikel

1. Auch der unbestimmte Artikel begleitet ein Nomen. Ihn gibt es allerdings nur im Singular. Unterstreiche alle unbestimmten Artikel.

   Ein Hund lebt lange. Darum muss man sich, bevor man sich einen Hund anschafft, gut überlegen, ob man auch bereit ist, sich so lange um einen Hund kümmern zu wollen. Eine Verantwortung für ein Tier kann man nicht einfach abgeben. Man sollte sich also vorher ein paar Gedanken machen und sich erst ein Tier anschaffen, das eine kurze Lebenserwartung hat.

Ein ganz besonderes Kaninchen

2. Setze die passenden unbestimmten Artikel in die Lücken des Textes ein.

   Veronika wünscht sich zu Weihnachten **(a)** _____ Kaninchen. Sie beschreibt es vorher ganz genau und sagt: „Das Kaninchen hat **(b)** _____ helles Fell und **(c)** _____ freundliches Wesen. Es geht an **(d)** _____ Leine im Park spazieren und mag auch gerne mal **(e)** _____ Knochen. Besonders lustig ist es, wenn es mit **(f)** _____ Freude, die man sich kaum vorstellen kann, an mir hochspringt. Ich hoffe aber, dass es nicht irgendwann einmal **(g)** _____ Katze **(h)** _____ Baum hochjagt. Wenn es auf **(i)** _____ anderes Kaninchen im Parkt trifft, schnuppert es erst einmal. Wenn man es sucht, muss man nur rufen und **(j)** _____ lautes Bellen verrät, wo es ist. **(k)** „_____ schönes Kaninchen wünschst du dir da", sagt die Mutter.

WORTARTEN

Test 39 Schwierigkeitsstufe

Pronomen – *das Personalpronomen*

Wer mag was? Teil I

1. Statt einer Person steht oft ein Personalpronomen. Die Personalpronomen vertreten also eine Person. Unterstreiche in den folgenden Sätzen das Personalpronomen.

   a) Linda mag Hunde. Sie wünscht sich schon lange einen Hund.

   b) Ich mag Schildkröten lieber. Schildkröten laufen nicht so schnell davon.

   c) Verena und Tina kümmern sich um ein Pony. Sie machen ihre Sache gut.

   d) Alfons sagt: „Ihr seid ja alle verrückt. Ein Tier macht zu viel Arbeit."

   e) Linda antwortet: „Du hast ja keine Ahnung. Es macht Spaß."

   f) Verena und Tina sagen: „Wir teilen uns die Arbeit."

Wer mag was? Teil II

2. Schreibe die Sätze ab und ersetze die markierten Wörter durch ein Personalpronomen.

   Antje trinkt gerne Tee.
   Sie trinkt gerne Tee.

   a) Holger trinkt lieber Wasser.

   _____

   b) Albert mag am liebsten Saft.

   _____

   c) Das Baby trinkt nur Milch.

   _____

   d) Ariane und Friedrich mögen weder Saft noch Milch.

   _____

45

WORTARTEN

Test 40   Schwierigkeitsstufe

Pronomen – *das Personalpronomen*

Von Fall zu Fall

1. Personalpronomen stehen wie die Nomen, die sie ersetzen, in einem bestimmen Fall. Bestimme den Kasus der Personalpronomen.

   Der Hund beißt den Schornsteinfeger. Ein Mann tröstet ihn.
   Akkusativ

   a) Verena schenkt Tina ein Buch. Verena gibt es ihr in die Hand.

   b) Verena schenkt Tina ein Buch. Sie gibt es Tina in die Hand.

   c) Harald gedenkt seiner Ahnen. Harald gedenkt ihrer.

   d) Erika sucht ihren Hund. Erika ruft ihn.

Ich und du, Müllers Kuh

2. Verwende die Personalpronomen in der angegebenen Form. Denke dir für jedes Personalpronomen einen Satz aus.

   a) 1. Person Singular, Nominativ

   b) 3. Person Plural, Dativ

   c) 2. Person Singular, Akkusativ

   d) 1. Person Plural, Dativ

WORTARTEN

Test 41 Schwierigkeitsstufe

Pronomen – *das Possessivpronomen*

Alle auf einmal

1. Finde das Possessivpronomen in der vorgegebenen Form.

   a) 1. Person Singular:

   _____ Bücher stehen im Bücherregal.

   b) 2. Person Singular:

   _____ Schuhe sind viel zu klein.

   c) 3. Person Singular:

   _____ Tasche steht auf dem Tisch.

   d) 1. Person Plural:

   _____ Koffer wurden vertauscht.

   e) 2. Person Plural:

   _____ Lieblingslieder werden auf der Party gespielt.

   f) 3. Person Plural:

   _____ Fußballschuhe sehen alle gleich aus.

Das Possessivpronomen und die Fälle

2. Setze das passende Possessivpronomen in den Text ein und kreuze den Kasus an, in dem das Possessivpronomen steht.

   a) Für das Fahrrad hat Charlotte lange gespart. Jetzt gehört es _____.

   Nominativ ☐   Genitiv ☐   Dativ ☐   Akkusativ ☐

   b) Harald liebt die Sonne. Er erfreut sich _____.

   Nominativ ☐   Genitiv ☐   Dativ ☐   Akkusativ ☐

   c) Sarah und Wiebke haben jeweils eine Katze. Sarah füttert aber nur _____.

   Nominativ ☐   Genitiv ☐   Dativ ☐   Akkusativ ☐

WORTARTEN

Test 42  Schwierigkeitsstufe

Pronomen – *das Demonstrativpronomen*

Das Demonstrativpronomen (hinweisendes Fürwort)

1. Das Demonstrativpronomen verweist auf einen Gegenstand oder eine Person. Unterstreiche das Demonstrativpronomen im Satz.

    a) Die Bäume neigen sich im Wind. Dieser dort neigt sich besonders stark.

    b) Jenes Haus dort wird zum Verkauf angeboten.

    c) Jonas war gestern im Kino. Diesen Film hat er leider schon gesehen.

    d) Patrick hat sich neue Schuhe gekauft. Dieselben findet seine Mutter am nächsten Tag im Müll.

    e) Derjenige, der durch das Rosenbeet getrampelt ist, soll sich bitte melden!

    f) Dies möchte ich nicht haben.

    g) Jenes wäre mir lieber.

Im Fahrradgeschäft

2. Susanne darf sich zu ihrem Geburtstag ein neues Fahrrad aussuchen. Im Fahrradgeschäft denkt sie laut über die Vorteile des einen oder anderen Fahrrads nach. Setze das Demonstrativpronomen „dieses" im passenden Kasus in die Lücken ein.

    Ein gelbes Fahrrad wäre schön. (a) _____ ist zwar gelb, ist aber noch viel zu groß. Jenes hat die richtige Größe, die Farbe ist aber langweilig. Der Händler hat aber gesagt, dass es (b) _____ Modell auch noch in anderen Farben gibt. Wenn es (c) _____ Fahrrad in jener Farbe dort gäbe, würde ich es sofort kaufen. Der Händler hat eine merkwürdige Idee und fragt Susanne: „Wenn ich (d) _____ Fahrrad einen neuen Anstrich verpassen würde, würdest du es dann kaufen?" Susanne antwortet: (e) „_____ Idee ist die dümmste Idee, die ich je in (f) _____ Fahrradgeschäft gehört habe."

WORTARTEN

Test 43  Schwierigkeitsstufe

Pronomen – *das Relativpronomen*

Susannes Fahrrad

1. Das Relativpronomen leitet den Relativsatz ein. Es steht im Zusammenhang mit einem Nomen oder mit dem ganzen übergeordneten Satz. Schreibe aus jedem Satz das Relativpronomen und das Nomen heraus, auf das sich das Relativpronomen bezieht. (Tipp: Bei einem der fünf Sätze musst du statt eines Nomens den ganzen übergeordneten Satz herausschreiben.)

   a) Das Fahrrad, das am Eingang steht, ist gelb.
   _____

   b) Das Fahrrad, das an der Wand hängt, hat die richtige Größe.
   _____

   c) Das Fahrrad, welches die richtige Größe und eine schöne Farbe hat,
   wird der Händler gleich holen.
   _____

   d) Der Händler ist die Person, die gleich das Fahrrad bringen wird.
   _____

   e) Der Händler weiß nicht genau, was Susanne will.
   _____

Daniels Fahrrad

2. Einige Jahre später darf sich auch Susannes kleiner Bruder, Daniel, ein Fahrrad aussuchen. Im Fahrradgeschäft denkt auch Daniel laut darüber nach, welches Fahrrad wohl am besten für ihn sei. Schreibe auf, was Daniel in dieser Situation vor sich hinmurmelt und verwende in deinem Text die Demonstrativpronomen *jenes* und *dieses* und die Relativpronomen *welches, was* und *das*.

   _____
   _____
   _____

WORTARTEN

Test 44  Schwierigkeitsstufe

Pronomen – *das Fragepronomen (Interrogativpronomen)*

Fragen über Fragen

1. Kreuze alle Fragepronomen an.

   ☐ wer   ☐ ihr
   ☐ du   ☐ das
   ☐ dies   ☐ wo
   ☐ was   ☐ warum
   ☐ sie   ☐ ich
   ☐ wann   ☐ jenes

Wer hat gerufen?

2. Das Interrogativpronomen (Fragepronomen) steht anstelle eines Nomens oder bei einem Nomen. Ergänze in dem Text die Interrogativpronomen sinnvoll.

   Berrit: „Olga, kannst du mir bitte die Zeitschrift vom Tisch geben?"

   Olga: (a) „_____ ruft mich da?"

   Berrit: „Ich habe gerufen. Reich mir bitte die Zeitschrift vom Tisch."

   Olga: (b) „_____ fällt dir ein, mich herumzukommandieren?"

   Berrit: „Sei bitte so nett und reiche mit die Zeitschrift vom Tisch."

   Olga: (c) „_____ meinst du denn?"

   Berrit: „Die Computerzeitschrift."

   Olga: „Sag das doch gleich."

   Berrit: (d) „_____?"

   Olga: „Das!"

WORTARTEN

Test 45 — Schwierigkeitsstufe

Pronomen – *das unbestimmte Fürwort (Indefinitpronomen)*

Im Flugzeug

1. Ein unbestimmtes Fürwort benutzt man, wenn man von etwas nicht die genaue Menge kennt oder etwas nicht zählbar ist. So kann z. B. in einem Rezept statt der Angabe „20 Gramm Mehl" die Angabe „etwas Mehl" stehen. Bestimme den Kasus des Indefinitpronomens.

   Allen **(a)** (_____) Langstreckenflügen ist gemeinsam, dass die meisten **(b)** (_____) Passagiere die gute Verpflegung an Bord genießen. Das Bordpersonal bringt allen **(c)** (_____) Passagieren Getränke. Viele **(d)** (_____) mögen Kaffee, manche **(e)** (_____) trinken Tee, andere **(f)** (_____) entscheiden sich für etwas Anderes. Später bringt das Bordpersonal das Mittagessen. Dazu schieben die Mitarbeiter immer einige **(g)** (_____) Teller mit Essen auf einem Rollwagen durch die Gänge. Manche Passagiere **(h)** (_____) sind ungeduldig und möchten möglichst schnell etwas **(i)** (_____) zu essen haben. Einige **(j)** (_____) Zeit nimmt das Servieren des Essens schon in Anspruch, aber am Ende werden ganz sicher alle **(k)** (_____) satt.

51

WORTARTEN

Test 46  Schwierigkeitsstufe

Pronomen – *das unbestimmte Fürwort (Indefinitpronomen)*

Im Zug

1. Manche Menschen reisen lieber mit der Bahn als mit dem Flugzeug. Verwende einige der Indefinitpronomen aus Test 45 und bilde mit ihnen zehn eigene Sätze zum Thema „Reisen im Zug".

WORTARTEN

Test 47 — Schwierigkeitsstufe

Verben – *das Verb und die Personalform*

Wer ist er?

1. Kreuze an, welche Verben in der dritten Person Singular stehen.

   a) ich gehe ☐   b) er sieht ☐   c) du fährst ☐   d) sie schreit ☐
   e) wir rufen ☐   f) du ruhst ☐   g) er kommt ☐   h) sie stehen ☐
   i) es steht ☐   j) wir sind ☐   k) sie sagt ☐   l) du siehst ☐
   m) ich traue ☐   n) du fährst ☐   o) sie kommt ☐   p) sie kommen ☐

Du fehlst

2. Setze die zweite Person Singular in die Lücken des Textes ein.

   Lieber Erwin,
   sicher erinnerst (a) _____ dich noch an mich. Ich habe vor einem Jahr immer mit dir in unserem Garten gespielt. Leider sind wir ja umgezogen und (b) _____ hattest keine Zeit, dich von mir zu verabschieden. Deswegen hast (c) _____ mich auch nicht mehr gesehen und (d) _____ hast sicher gedacht, ich bin einfach so verschwunden. Ich schreibe einen Brief, um dir zu sagen, dass (e) _____ mir fehlst. Ich hoffe, (f) _____ kommst mich bald einmal besuchen.
   Dein Johannes

Wünsche

3. Die Kinder der 5c wünschen sich für ihren Schulhof viele Dinge. Was könnten sie sich wünschen? Verwende die erste Person Singular am Beginn des Satzes.

   Kevin: Ich wünsche mir einen Fußballplatz.
   Lotta: _____
   Uli: _____

WORTARTEN

Test 48   Schwierigkeitsstufe

Verben – *das Verb und die Personalform*

Wer beschenkt wen?

1. Setze die richtige Form von *schenken* ein.

   Tinas kleiner Bruder Bert ist besonders gespannt, wer an Weihnachten wem etwas schenken wird und überlegt gemeinsam mit seiner großen Schwester Tina, ob sie Oma dieses Jahr nicht etwas gemeinsam **(a)** _____ sollen. „Wenn ich dir das Buch **(b)** _____, das du dir sowieso kaufen wolltest, dann sparst du dir das Geld und du **(c)** _____ mir dann die CD, die sich Mama schon so lange wünscht. Papa bekommt dann zufälligerweise die CD von mir und der **(d)** _____ sie dann Mama." Tina unterbricht Bert in seinen Überlegungen und sagt: „Bert, es geht an Weihnachten nicht darum, sich gegenseitig für wenig Geld möglichst viel zu **(e)** _____. Wir sollten uns nicht so viel schenken." Die Mutter hat das Gespräch mitgehört und unterstützt Tina. „Wenn ihr euch so viel **(f)** _____, könnt ihr Weihnachten gar nicht mehr richtig genießen."

Wer gehört zu wem?

2. Ordne nun die unterschiedlichen Formen von *schenken*, die du in der vorigen Aufgabe eingesetzt hast, den richtigen Personen zu. Schreib den Infinitiv gesondert auf.

1. Pers. Sg.	2. Pers. Sg.	3. Pers. Sg.	1. Pers. Pl.	2. Pers. Pl.	3. Pers. Pl.

der Infinitiv: _____

WORTARTEN

Test 49 — Schwierigkeitsstufe

Verben – *das Verb und die Personalform*

Paul, der Besserwisser

1. Paul weiß nicht nur über Nomen schlecht Bescheid, sondern auch über Verben und macht folgende Aussagen. Entscheide, ob die folgenden Aussagen falsch oder richtig sind.

   a) Verben verraten uns nur die Uhrzeit.
      richtig ☐   falsch ☐

   b) Verben verraten uns, was jemand tut oder was passiert.
      richtig ☐   falsch ☐

   c) Verben werden konjugiert.
      richtig ☐   falsch ☐

   d) Verben werden korrigiert.
      richtig ☐   falsch ☐

   e) Verben werden kleingeschrieben.
      richtig ☐   falsch ☐

   f) Verben werden falsch geschrieben.
      richtig ☐   falsch ☐

Wer handelt hier?

2. Schreibe in die Klammern, in welcher Person das Verb steht.

   Thore hat (3. Pers. Sg.) Ferien. Er erholt (a) (_____) sich gut von der Schule, die leider bald wieder beginnt (b) (_____). Da fällt ihm ein, dass ihn seine Freunde dann wieder fast jeden Tag sehen (c) (_____). „Dann können wir wieder jeden Tag miteinander reden", (d) (_____) murmelt Thore vor sich hin. „Träumst (e) (_____) du?", fragt da die Mutter.

WORTARTEN

Test 50 — Schwierigkeitsstufe

Verben – *der Imperativ*

Ein anderer Ton

1. Kreuze an, bei welchen Aussagen es sich um die Befehlsform (den Imperativ) handelt.

   a) Gib mir das Buch!

   b) Könntest du mir das Buch geben?

   c) Wärst du vielleicht so lieb und würdest mir bitte das Buch geben?

   d) Gib das Buch sofort her!

   e) Behalte das Buch doch!

   f) Du könntest deine Tasse auch behalten.

   g) Wozu brauchst du die Tasse eigentlich?

   h) Ich habe dich etwas gefragt.

   i) Antworte mir!

Hör zu!

2. Der Imperativ wird benutzt, um Befehle zu formulieren. Formuliere kurze Imperativsätze zu den Wünschen von Natascha.

   Natascha wünscht sich, dass Helga ihr eine Tasse reicht und sagt:
   „*Reich (oder: Reiche) mir eine Tasse!*"

   a) Natascha wünscht sich, dass Stella ihr einen Tee kocht und sagt:
   _____

   b) Natascha wünscht, dass Bello ihr aus dem Weg geht und sagt:
   _____

   c) Natascha wünscht, dass Alina Nudeln kauft und sagt:
   _____

WORTARTEN

Test 51 — Schwierigkeitsstufe

Verben – *das Präsens*

Die Gegenwart, das Präsens

1. Die Verben stehen alle in der Vergangenheit. Wandle sie in die Gegenwart, das Präsens, um.

   a) ich ging _____   b) du gingst _____

   c) es ging _____   d) wir gingen _____

   e) ihr gingt _____   f) sie gingen _____

   g) ich sagte _____   h) du sagtest _____

   i) sie sagte _____   j) wir sagten _____

   k) ihr sagtet _____   l) sie sagten _____

Was passiert jetzt?

2. Kreuze an, welche Sätze im Präsens stehen.

   a) Das Auto fuhr über die Kreuzung. ☐

   b) Der Hund bellt. ☐

   c) Die Frau rief. ☐

   d) Die Katze ist auf den Baum geklettert. ☐

   e) Die Schule wird morgen wieder beginnen. ☐

   f) Die Menschen gehen spazieren. ☐

   g) Jetzt scheint die Sonne. ☐

   h) Gestern schien die Sonne. ☐

   i) Heute hat es schon geregnet. ☐

   j) Es hatte geregnet. ☐

   k) Es hätte regnen können. ☐

WORTARTEN

Test 52 ■□□ Schwierigkeitsstufe

Verben – *das Präteritum*

Was war am 30. Februar 1975?

1. Ordne die unterstrichenen Wörter in die Tabelle ein.

   Die Kinder der zweiten Klasse nehmen diese Woche die Monate im Sachunterricht durch. Am Mittagstisch fragt der Vater den kleinen Florian: „Wie war es heute in der Schule?" „Wir erfuhren viel über die zwölf Monate", antwortet Florian. „Was gab euch der Lehrer denn als Hausaufgabe auf?", fragt der Vater. „Wir sollen herausfinden, welche berühmte Person am 30. Februar 1975 zur Welt kam", sagt da Florian. Weißt du es?

Verben im Präteritum	Verben in anderen Zeiten

Paul, der Besserwisser

2. Paul glaubt, wieder einmal alles zu wissen. Überprüfe seine Aussagen.

   a) Das Präteritum ist das Erzähltempus.

   richtig ☐   falsch ☐

   b) Das Präteritum ist die unvollendete Vergangenheit.

   richtig ☐   falsch ☐

   c) Das Präteritum ist ein anderes Wort für Präsens.

   richtig ☐   falsch ☐

WORTARTEN

Test 53  Schwierigkeitsstufe

Verben – *das Präteritum*

Gruselig

1. Setze in dem folgenden Text die Verben ins Präteritum.

   Ich **(a)** _____ (gehen) die Treppe zum Keller hinunter.

   Es **(b)** _____ (sein) stockfinster.

   Weil ich nichts **(c)** _____ (sehen), **(d)** _____ (müssen) ich mich

   an der Wand entlangtasten.

   Tief aus der Dunkelheit **(e)** _____ (hören) ich schreckliche Geräusche.

   (f) _____ (leben) dort unten ein Kellermonster?

Zurück in die Steinzeit

2. Tim sieht im Fernsehen eine Reportage über die Steinzeit. Später berichtet er seinem Großvater, wie die Menschen in der Vergangenheit lebten. Wandle die Sätze in die Vergangenheit um.

   a) In der Steinzeit stellen die Menschen ihre Werkzeuge selbst her.
   _____

   b) Sie stellen Pfeilspitzen aus Steinen her.
   _____

   c) Diese binden sie an einen Stock.
   _____

   d) Damit jagen sie Tiere.
   _____

WORTARTEN

Test 54 — Schwierigkeitsstufe

Verben – *das Perfekt*

Paul, der Besserwisser

1. Paul glaubt, wieder einmal alles zu wissen. Überprüfe seine Aussagen.

    a) Das Perfekt ist die vollendete Vergangenheit.

    richtig ☐   falsch ☐

    b) Das Perfekt ist die unvollendete Vergangenheit.

    richtig ☐   falsch ☐

    c) Das Perfekt handelt von dem, was in der Zukunft passiert.

    richtig ☐   falsch ☐

    d) Das Perfekt wird oft beim mündlichen Erzählen verwendet.

    richtig ☐   falsch ☐

    e) Das Perfekt bildet man aus einer Präsensform von haben/sein und dem Partizip II des Verbs.

    richtig ☐   falsch ☐

    f) Das Perfekt bildet man aus einer Präteritumform von haben/sein und dem Partizip II des Verbs.

    richtig ☐   falsch ☐

Ferdinand erzählt vom Feriencamp

2. Unterstreiche alle Sätze, die in der Vergangenheit stehen.

    Das Feriencamp ist eine tolle Sache. Hier können zum Beispiel Kinder, deren Eltern nicht so viel Geld haben, allein Urlaub machen. Wir haben uns alle gut verstanden. Viele haben sogar richtig gute Freunde gefunden. Besonders die gemeinsamen Ausflüge haben Spaß gemacht. Nächstes Jahr will ich wieder ins Feriencamp.

WORTARTEN

Test 55 — Schwierigkeitsstufe

Verben – *das Plusquamperfekt*

Paul, der Besserwisser

1. Vielleicht kennst du Paul schon. Paul glaubt immer, alles zu wissen, weiß aber nicht so viel, wie er glaubt. Darum muss man seine Aussagen genau überprüfen.

   a) Das Plusquamperfekt ist eine Präsensform.
      richtig ☐   falsch ☐

   b) Das Plusquamperfekt ist die vollendete Vergangenheit.
      richtig ☐   falsch ☐

   c) Das Plusquamperfekt ist die unvollendete Vergangenheit.
      richtig ☐   falsch ☐

   d) Das Plusquamperfekt ist unwichtig.
      richtig ☐   falsch ☐

   e) Das Plusquamperfekt bildet man aus einer Präsensform von haben/sein und dem Partizip II des Verbs.
      richtig ☐   falsch ☐

   f) Das Plusquamperfekt bildet man aus einer Präteritumform von haben/sein und dem Partizip II des Verbs.
      richtig ☐   falsch ☐

Noch früher als früher

2. Schreibe die Formen auf, die im Plusquamperfekt stehen.

   a) er war gelaufen, b) es hat geregnet, c) es hatte geregnet, d) wir singen, e) du warst gelaufen, f) sie konnte, g) ihr habt gerufen, h) sie hatten gesagt, i) er lief, j) du hattest geschlafen, k) ich schreibe

   _____
   _____

WORTARTEN

Test 56  Schwierigkeitsstufe

Verben – *die Verwendung der Zeiten*

Die richtige Reihenfolge

1. Kreuze diejenigen Sätze an, in denen das Plusquamperfekt richtig verwendet wurde.

   a) Bevor ich mit dem Hund beim Tierarzt gewesen war, habe ich ihn beruhigt.
   richtig ☐   falsch ☐

   b) Nachdem ich mit dem Hund beim Tierarzt gewesen war, haben wir einen ausgiebigen Spaziergang gemacht.
   richtig ☐   falsch ☐

   c) Bevor meine Schwester den Führerschein gemacht hat, war sie häufiger mit dem Fahrrad unterwegs gewesen.
   richtig ☐   falsch ☐

   d) Nachdem meine Schwester den Führerschein bestanden hat, war sie meistens mit dem Auto gefahren.
   richtig ☐   falsch ☐

Vor- und Nachzeitigkeit im Satz

2. Bilde nun selbst aus den vorgegebenen Informationen Sätze, in denen du das Perfekt und das Plusquamperfekt verwendest.

   Monika – 15.00 Uhr Klavierunterricht – 17.00 Uhr Treffen mit Stefan
   Nachdem Monika Klavierunterricht gehabt hatte, hat sie Stefan getroffen.

   a) Jessica – 14.00 Uhr Reitstunde – 18.00 Uhr Besuch von Oma bekommen

   _____

   b) Torsten – 17.00 Uhr zum Nachhilfeunterricht gehen – 14.00 Uhr Handballtraining

   _____

WORTARTEN

Test 57 — Schwierigkeitsstufe

Verben – *das Futur*

Paul, der Besserwisser

1. Überprüfe die Aussagen deines alten Bekannten Paul über das Futur, die Zukunft.

   a) Das Futur ist eine der drei Vergangenheiten.
      richtig ☐   falsch ☐

   b) Das Futur verwendet man, um zu sagen, was in der Zukunft passieren wird.
      richtig ☐   falsch ☐

   c) Das Futur wird gebildet mit einer Vergangenheitsform von haben/sein und dem Partizip II des Verbs.
      richtig ☐   falsch ☐

   d) Das Futur wird gebildet mit einer Form von werden und dem Partizip II.
      richtig ☐   falsch ☐

   e) Das Futur wird gebildet mit einer Form von werden und dem Infinitiv.
      richtig ☐   falsch ☐

Der kommende Familienurlaub

2. Familie Hansen diskutiert den Zielort des nächsten Urlaubs. Unterstreiche alle Futurformen.

   Jojo: „Wir <u>werden</u> nach Spanien <u>fahren</u>. Dort werden wir jeden Tag am Strand liegen und wir werden uns wunderbar entspannen." Pia: „Ich werde mich nicht noch einmal in ein Flugzeug setzen. Wir werden Urlaub machen, wo man problemlos mit dem Reisebus hinkommt. Wir werden nach Belgien fahren. Dort werden wir uns das Land anschauen." Kai: „Ich werde hierbleiben, wenn die Streiterei nicht aufhört!"

WORTARTEN

Test 58  Schwierigkeitsstufe

Verben – *alles Wichtige zur Zeit*

Verben bestimmen

1. Schreibe in die Klammern hinter die Verben, in welcher Person und in welcher Zeit sie stehen.

   Johannes liest (**3. Pers. Sg. Präsens**) gerne Bücher über Dinosaurier. Er hat sich schon für die urzeitlichen Wesen interessiert **(a)** (_____), als er noch gar nicht lesen konnte **(b)** (_____). Seine Großeltern hatten ihm damals vorgelesen **(c)** (_____). Wenn heute die Großeltern zu Besuch kommen, erinnern **(d)** (_____) sich alle an diese Zeit. Johannes sagt dann zu seinem Großvater, den er sehr gerne hat: „Weißt **(e)** (_____) du, wie der größte Raubsaurier heißt?" Der Großvater antwortet dann mit einem Lächeln im Gesicht: „Ihr jungen Leute könnt **(f)** (_____) euch solche Dinge merken. Ich bin zu alt dafür." Johannes sagt dann: „Wir waren **(g)** (_____) alle jünger und auch du wirst dir merken **(h)** (_____), wie der größte Raubsaurier heißt. Ich werde dich, wenn wir uns das nächste Mal sehen, wieder danach fragen **(i)** (_____)."

Verben konjugieren

2. Bilde mit den angegebenen Informationen drei kurze Sätze.

   a) 2. Pers. Pl. Präteritum (haben) _____
   b) 3. Pers. Sg. Futur (aufpassen) _____
   c) 2. Pers. Sg. Plusquamperfekt (gehen) _____

WORTARTEN

Test 59 Schwierigkeitsstufe

Verben – *alles Wichtige zur Zeit*

Kennenlernen

1. Josefine erzählt ihrer Mutter immer von ihrer besten Freundin Lisa. Setze in diesem Dialog passende Verben ein.

   Josefine sagt: „Lisa und ich **(a)** _____ gemeinsam in eine Klasse. Letztes Jahr **(b)** _____ Lisa noch in Wittlich, bevor sie nach Berlin **(c)** _____ . Wittlich **(d)** _____ viel, viel kleiner als Berlin. Da **(e)** _____ sich alle Leute." Die Mutter, die Lisa noch gar nicht **(f)** _____ , antwortet: **(g)** „_____ Lisa doch einfach mal mit. Ich **(h)** _____ doch wissen, wer deine beste Freundin **(i)** _____ . Ihr **(j)** _____ einfach morgen nach der Schule gemeinsam hierher und abends **(k)** _____ ich Lisa nach Hause."

Unfertige Sätze

2. Verbinde die richtigen Sätze miteinander.

   a) Mit Verben beschreibt man   1) die Gegenwart.
   b) Verben werden   2) in der Zukunft geschieht.
   c) Das Futur drückt aus, was   3) dekliniert.
   d) Das Präsens ist   4) Tätigkeiten.
   e) Verben werden nicht   5) den Imperativ.
   f) Befiehlt man jemandem etwas, so nennt man dies   6) drei.
   g) Es gibt mehrere Vergangenheiten, nämlich   7) konjugiert.

WORTARTEN

Test 60 Schwierigkeitsstufe

Verben – *Aktiv und Passiv*

Auslachen und ausgelacht werden

1. Verben können im Aktiv und im Passiv verwendet werden. Wie du weißt, steht beim Aktiv das handelnde Subjekt im Vordergrund, beim Passiv rückt das Geschehen in den Vordergrund. Unterstreiche alle Passivformen.

   a) Peter wird ausgelacht, weil er schusselig ist, und Peter lacht Erik aus, weil er beim Schreiben immer der langsamste Schüler ist.

   b) Erik wird ausgelacht, weil er langsam ist, er lacht aber Claudia aus, weil sie sich oft mit Tinte beschmiert.

   c) Claudia wird ausgelacht, weil sie sich oft mit Tinte beschmiert, sie lacht aber auch Kevin aus, weil er meistens falsch singt.

   d) Kevin wird ausgelacht, weil er falsch singt, er lacht aber auch Peter aus, weil er schusselig ist.

Bewundert werden

2. Zum Glück lachen sich Peter, Erik, Claudia und Kevin nicht nur aus, sondern jeder wird auch für etwas bewundert, das er ganz besonders gut kann. Bilde mit den angegebenen Informationen Sätze, die das Verb *bewundern* im Passiv enthalten.

   Peter/Klavier
   Peter wird bewundert, weil er besonders gut Klavier spielen kann.

   a) Erik/Mathematik
   _____

   b) Claudia/Fußball
   _____

   c) Kevin/Karate
   _____

WORTARTEN

Test 61  Schwierigkeitsstufe

Verben – *starke und schwache Verben*

Starke Verben

1. Es gibt starke und schwache Verben. Die starken ändern im Präteritum ihren Wortstamm, die schwachen sind regelmäßig. Unterstreiche in folgendem Text alle starken Verben. Denk daran, dass du hierfür wissen musst, wie das Präteritum gebildet wird.

   Pia und Jasmin gehen gemeinsam in eine Klasse. Pia ist stark und Jasmin ist schlau. Gemeinsam sind sie unschlagbar. Pia hilft Jasmin beim Tragen schwerer Dinge, Jasmin erklärt Pia dafür Mathe. Wenn Pia Mathe verstanden hat, fordert Pia Jasmin zum Armdrücken heraus. Mit der Zeit wird Pia immer schlauer und Jasmin immer stärker.

Echt stark?

2. Manfred, der Muskelmann, hat im Deutschunterricht nicht so gut aufgepasst. Er behauptet, dass alle Verben genauso stark sind wie er. Überprüfe, ob seine Behauptung stimmt. Sind alle Verben starke Verben?

   a) schreiben
      richtig ☐   falsch ☐

   b) staunen
      richtig ☐   falsch ☐

   c) träumen
      richtig ☐   falsch ☐

   d) stehlen
      richtig ☐   falsch ☐

   e) hoffen
      richtig ☐   falsch ☐

   f) tragen
      richtig ☐   falsch ☐

   g) trauen
      richtig ☐   falsch ☐

   h) fühlen
      richtig ☐   falsch ☐

   i) glauben
      richtig ☐   falsch ☐

   j) lügen
      richtig ☐   falsch ☐

WORTARTEN

Test 62  Schwierigkeitsstufe

Adjektive – *die Adjektive*

Das richtige Gefühl

1. Am liebsten schreibt Maximilian Ansichtskarten, während er im Auto sitzt und auf die Ankunft warten muss. Leider ist er durch die Landschaft abgelenkt und bringt einiges durcheinander. Unterstreiche alle Adjektive, die hier nicht passen.

   Lieber Markus,

   ich sende dir luxuriöse Grüße aus dem lieben Süden Europas. Wir hatten eine gute Reise und sind in einem seltenen Hotel untergebracht. Besonders gut gefällt mir der exotische Swimmingpool. Aufregender ist es natürlich am Strand. Dort kann man oft sonnige Pflanzen betrachten und Tiere beobachten, die in Nord- und Mitteleuropa riesig sind. Unglücklicherweise ist der Urlaub bald vorbei und wir müssen wieder in die Schule.

   Dein Maximilian

Für das richtige Adjektiv

2. Hilf Maximilian, das Chaos auf der Postkarte in den Griff zu bekommen. Setze die Adjektive, die du in der vorigen Aufgabe unterstrichen hast, in den folgenden Text sinnvoll ein.

   Lieber Markus,

   ich sende dir **(a)** _____ Grüße aus dem **(b)** _____ Süden Europas. Wir hatten eine gute Reise und sind in einem **(c)** _____ Hotel untergebracht. Besonders gut gefällt mir der **(d)** _____ Swimmingpool. Aufregender ist es natürlich am Strand. Dort kann man oft **(e)** _____ Pflanzen betrachten und Tiere beobachten, die in Nord- und Mitteleuropa **(f)** _____ sind. Unglücklicherweise ist der Urlaub bald vorbei und wir müssen wieder in die Schule.

   Dein Maximilian

WORTARTEN

Test 63 — Schwierigkeitsstufe

Adjektive – *Steigerung und Deklination von Adjektiven*

Gut, besser oder am besten?

1. Entscheide, ob es sich um den Positiv, den Komparativ oder den Superlativ handelt.

   a) schöner — Positiv ☐   Komparativ ☐   Superlativ ☐
   b) weit — Positiv ☐   Komparativ ☐   Superlativ ☐
   c) besser — Positiv ☐   Komparativ ☐   Superlativ ☐
   d) am größten — Positiv ☐   Komparativ ☐   Superlativ ☐
   e) am lautesten — Positiv ☐   Komparativ ☐   Superlativ ☐
   f) dümmer — Positiv ☐   Komparativ ☐   Superlativ ☐
   g) fauler — Positiv ☐   Komparativ ☐   Superlativ ☐
   h) am schnellsten — Positiv ☐   Komparativ ☐   Superlativ ☐

Auf dem Sportfest

2. Setze die passende Adjektivform in die Lücken ein.

   Paul hat am Weitsprungwettbewerb teilgenommen und ist sehr (a) _____ gesprungen. Hanna ist ein Stückchen größer als Anna und ist vielleicht deswegen auch ein Stückchen (b) _____ gesprungen. Finja trainiert seit Jahren schon Weitsprung in einem Leichtathletikverein und ist von allen (c) _____ gesprungen. Nikolas hat an einem Wettrennen teilgenommen. Da er als Erster im Ziel war, war er (d) _____. Aber auch Franz war (e) _____. Christian trödelte die ganze Zeit und war deshalb (f) _____ als Franz. Christian war sowieso (g) _____, da keiner nach ihm ins Ziel gekommen ist. Am Ende des Tages sind sich aber alle einig: Das Sportfest im letzten Jahr war ja ohne Zweifel (h) _____, aber dieses Jahr war es noch viel (i) _____.

WORTARTEN

Test 64 Schwierigkeitsstufe

Unveränderbare Wortarten – *Adverbien*

Inspektor Scharfsinn, der dusselige Polizist

1. Inspektor Scharfsinn ist ein seltsamer Polizist. Ständig kommt er zur falschen Zeit an den Tatort. Hilf ihm, sich besser zu organisieren, und unterstreiche alle Wörter, die eine Angabe zur Zeit machen.

   Der Mord geschah heute Morgen. Gestern kam es zu einer Schlägerei in einer Gastwirtschaft. Später brach ein Übeltäter in die Villa des Herrn Professor Doktor Steinreich ein. Danach wurde im Museum ein wertvolles Gemälde entwendet. Eben hat ein Dieb alle Computer aus dem Polizeipräsidium gestohlen, aber davor wurde eine Apotheke ausgeraubt. Für morgen ist ein Einbruch im Schloss Wertlos geplant.

Chaos auf dem Präsidium

2. Inspektor Scharfsinn ist entsetzlich unordentlich. Er weiß nicht mehr, wo sein Notizbuch ist. Unterstreiche alle unveränderbaren Wörter, die eine Angabe zum Ort machen.

   Wenn man das Präsidium betritt, sieht man hier und dort einen Kugelschreiber auf dem Boden liegen. Der Schreibtisch steht am Fenster. Darunter liegt die Brille unseres dusseligen Inspektors. Oben liegen ungeordnet viele Akten über Fälle, die hier in der Stadt passiert sind. Wenn man den Raum betritt, steht vorn ein Stuhl. Dort steht das Frühstück des noch immer hungrigen Inspektors. Ringsherum um den Stuhl stapeln sich alte Zeitungen. Links steht ein großer Schrank. Der Inspektor beteuert immer wieder, dass er sein Notizbuch irgendwohin gelegt hat. Wenn man ganz genau hinschaut, sieht man oben auf dem Schrank ein kleines, grünes Büchlein liegen. Das ist das Notizbuch des Inspektors, der gerade durch das Polizeipräsidium läuft und anderswo sucht.

WORTARTEN

Test 65 — Schwierigkeitsstufe

Unveränderbare Wortarten – *Adverbien*

Auf der Drachenwiese

1. Gib in Klammern an, ob es sich um ein Adverb der Zeit, des Ortes, des Grundes oder der Art und Weise handelt.

   Till ist ein sehr **(a)** (_____) guter Drachenpilot. Auf der Drachenwiese fühlt er sich richtig wohl, denn hier **(b)** (_____) kann er alle neuen Tricks ausprobieren. Heute **(c)** (_____) freut er sich ganz besonders **(d)** (_____) darauf, nachmittags **(e)** (_____) auf die Wiese zu gehen, da er seinen neuen Drachen mitgebracht hat. Dieser fliegt besonders weit nach oben **(f)** (_____). Hoffentlich **(g)** (_____) sind nicht **(h)** (_____) so viele Hunde mit ihren Besitzern auf der Wiese, denn die Hunde jagen den Drachen. Deswegen **(i)** (_____) muss Till immer **(j)** (_____) sehr **(k)** (_____) vorsichtig sein.

Auf dem Minigolfplatz

2. Auf dem Minigolfplatz finden die diesjährigen Minigolfmeisterschaften der Schule statt. Schreibe auf, was passiert, und verwende so viele Adverbien, wie dir einfallen. Fülle mit deinem Text alle Zeilen.

   _____

   _____

   _____

   _____

WORTARTEN

Test 66 — Schwierigkeitsstufe

Unveränderbare Wortarten – *Konjunktionen*

Im Maislabyrinth

1. Konjunktionen sind kleine, unveränderbare Wörter. Sie verbinden Wörter, Satzteile oder Sätze miteinander. Unterstreiche in dem Text alle Konjunktionen.

Im Sommer ist das Maislabyrinth ein ganz besonderes Erlebnis, obwohl Mais eigentlich nicht besonders spannend ist. Meine Schwester und ich gehen schon seit Jahren mindestens einmal im Sommer dorthin, ohne dass wir uns jemals langweilen. Der Eintritt ist zum Glück nicht teuer, denn meine Schwester und ich bekommen nicht so viel Taschengeld. Heute ist es wieder soweit und wir laufen durch das riesige Feld. Die Gänge führen schnell in die Irre und es dauert nicht lange, da haben sich meine Schwester und ich auch schon verloren. Nach einiger Zeit finden wir jedoch den Ausgang wieder. Dort ist unser Treffpunkt, um nach Hause zu fahren. Es war wieder einmal richtig schön, denn das Wetter hat auch mitgespielt.

Sauwetter

2. Finde die passenden Konjunktionen.

Im November gehen die meisten Menschen nicht gerne vor die Tür, **(a)** _____ es regnet, hagelt **(b)** _____ schneit. Da bleibt man lieber zu Hause vor dem Kamin **(c)** _____ liest ein Buch **(d)** _____ schaut sich einen Film an. Manche mögen aber gerade das schlechte Wetter, **(e)** _____ sie dann den Herbst richtig fühlen können. Sie gehen dann nach draußen, **(f)** _____ es regnet, hagelt **(g)** _____ schneit. Wenn man die richtige Kleidung trägt, **(h)** _____ kann auch solch ein Sauwetter richtig Spaß machen. Man kann sich gegen den Wind legen **(i)** _____ von Pfütze zu Pfütze springen. Jeder Monat kann schön sein.

WORTARTEN

Test 67 — Schwierigkeitsstufe

Unveränderbare Wortarten – *Präpositionen*

Klassenfoto

1. Einmal im Jahr kommt ein Fotograf in die Schule, um alle Kinder zu fotografieren. Bis alle richtig stehen, vergeht einige Zeit, denn jeder will mit seinem Platz zufrieden sein. Unterstreiche im Text alle Präpositionen.

   Klaus steht neben Bettina. Hinter Bettina steht Thomas. Thomas steht vor Volker, der hinter allen steht, da er alle überragt. Johannes steht auf den Füßen von Susanne. Susannes rechte Hand liegt auf der Schulter ihrer besten Freundin Anne. Anne macht über Rolfs Kopf Hasenohren. Auf dem Foto sieht das ganz schön blöd aus. Katrin reckt ihren Kopf über den von Doris, da Doris eigentlich zu groß ist, um vor ihr zu stehen. Der Fotograf hält drei Finger über den Kopf, zählt „drei, zwei, eins" und schießt ein Foto, auf dem alle lustig aussehen.

Völlig verdreht

2. Bei einem beliebten Partyspiel müssen sich die Mitspieler in die Richtung bewegen, die ein Pfeil auf einer Scheibe anzeigt. Mehrere Personen tun dies gleichzeitig und es entsteht ein Menschenknoten. Setze die passenden Präpositionen ein.

   Kerrin muss in der ersten Runde ihren rechten Arm **(a)** _____ Falks linkes Bein heben. Falk hingegen muss mit dem rechten Fuß auf das Feld genau links **(b)** _____ Petra. Petra schiebt ihren linken Arm **(c)** _____ Kerrins rechtem Arm **(d)** _____. Petra, die schon völlig verdreht beinahe ganz **(e)** _____ dem Boden liegt, muss nun **(f)** _____ ihrem Kopf **(g)** _____ Falks Beinen **(h)** _____, um das gelbe Feld zu erreichen. Kerrin muss sich **(i)** ____ sich selbst drehen, um mit dem rechten Fuß das grüne Feld zu erreichen, und als Falk ein winziges Stück **(j)** _____ links rückt, liegen alle **(k)** _____ dem Boden.

WORTARTEN

Test 68  Schwierigkeitsstufe

Wortbildung – *Zusammensetzungen (Komposita)*

Aus eins mach zwei!

1. Denke dir jeweils vier zusammengesetzte Wörter aus, die das Wort am Anfang der Zeile enthalten.

   a) Auto: _____

   b) Haus: _____

   c) Tier: _____

   d) Schule _____

   e) Fahrrad: _____

Viele Möglichkeiten

2. Kombiniere die angegebenen Wörter mit *Baum, Auto, Zug* und *Kerze*. Trage sie in die Tabelle ein.

   Krone, Schein, Bahn, Wachs, Führer, Werkstatt, Fahrkarte

Baum	Auto	Zug	Kerze
Baumhaus			

WORTARTEN

Test 69 Schwierigkeitsstufe

Wortbildung – *Grundwörter und Bestimmungswörter*

Das Grundwort

1. Zusammensetzungen bestehen oft aus einem Grundwort und einem Bestimmungswort. Das Grundwort sagt aus, was etwas ist (z. B. Ein Jagdhund ist ein Hund.). Das Bestimmungswort bezeichnet das Grundwort genauer (z. B. Ein Jagdhund ist ein Hund für die Jagd.).
Entscheide, ob der markierte Wortteil das Grundwort ist.

   a) **Kaufhaus**detektiv
   ☐ ja ☐ nein

   b) Schreib**tisch**
   ☐ ja ☐ nein

   c) Eingangs**tür**
   ☐ ja ☐ nein

   d) **Hinter**eingang
   ☐ ja ☐ nein

   e) **Schutz**impfung
   ☐ ja ☐ nein

   f) **Impf**schutz
   ☐ ja ☐ nein

   g) Feuer**alarm**
   ☐ ja ☐ nein

Das Bestimmungswort

2. Unterstreiche alle Bestimmungswörter.

   Schulhof, Garagentür, Holzklotz, Federtasche, Kuchengabel, Turnschuhe, Partygast, himmelblau, Treppengeländer, Sicherheitsnadel, Kochtopf, Lampenschein

WORTARTEN

Test 70  Schwierigkeitsstufe

Wortbildung – *Grundwörter und Bestimmungswörter*

Mehr davon!

1. Man kann aus einem Grundwort mithilfe verschiedener Bestimmungswörter viele neue Wörter bilden. Lass dir zu jedem Grundwort drei Zusammensetzungen einfallen.

   a) Kanne: _____

   b) Blume: _____

   c) Tier: _____

   d) Karte: _____

   e) Rad: _____

   f) Straße: _____

   g) Fisch: _____

   h) Fest: _____

   i) Schuhe: _____

Die Schlange, die Wörter frisst

2. Ein Grundwort kann in einer anderen Zusammensetzung ein Bestimmungswort werden und ein Bestimmungswort kann in einer anderen Zusammensetzung ein Grundwort werden. Führe die Wortschlange mit weiteren 13 Wörtern fort.

   Schüttelfrost, Frostschutz, _____

WORTARTEN

Test 71 — Schwierigkeitsstufe

Wortbildung – *Ableitungen*

Die Traummaschine

1. Neue Wörter können gebildet werden, indem man ein Wort mit einer Vorsilbe (Präfix) oder einer Nachsilbe (Suffix) versieht. Der Wortstamm bleibt erhalten. Unterstreiche den Wortstamm der markierten Wörter.

   Oft denkt Martina vor dem **(a)** Einschlafen, wie schön es doch wäre, wenn man eine Traummaschine hätte. Man müsste sie nur programmieren und dann würde sie nachts das zeigen, was man sich schon immer **(b)** erträumt hat. Nach dem **(c)** Aufwachen müsste man die Maschine einfach wieder **(d)** abstellen und man könnte fröhlich **(e)** aufstehen. Dann aber **(f)** überdenkt Martina die Sache noch einmal und kommt zu der **(g)** Einsicht, dass es sehr langweilig wäre, wenn man schon wüsste, was man gleich träumt.

Kinokassenschlager

2. Unterstreiche alle Wörter mit Präfix oder Suffix und ordne sie dann in die Tabelle ein.

   Filme, in denen sich Menschen verlieben, oder solche, in denen die Welt von einem Superhelden gerettet wird, aber auch solche, bei denen manche Szenen vor lauter Blut ganz eklig sind, locken die Menschen in die Kinos. Manche mögen Filme, die man nur schwer versteht, andere mögen es gruselig. Es gibt auch Menschen, die sich am liebsten Tierfilme ansehen. Lustig ist es auch, einen Animationsfilm zu sehen.

Wörter mit Präfix	Wörter mit Suffix

WORTARTEN

Test 72  Schwierigkeitsstufe

Wortbildung – *die Bildung von Nomen und Adjektiven*

X + Suffix = Adjektiv

1. Forme den Wortstamm mit einem Suffix zum Adjektiv um.
   Dir stehen folgende Suffixe zur Verfügung: *-ig, -bar, -lich, -isch*
   (Tipp: Bei dem Verb *sehen* verändert sich der Wortstamm!)

Sonne	*sonnig*	Wind	_____
Wasser	_____	verändern	_____
essen	_____	Feuer	_____
bewohnen	_____	ausleihen	_____
auffinden	_____	reich	_____
sehen	_____	Hektik	_____
Spiel	_____	Fleiß	_____
fahren	_____	machen	_____

Leon fragt

2. Ergänze die Lücken, indem du das unterstrichene Wort zu einem Adjektiv machst.

   a) Leon: Kann ich die Äpfel <u>essen</u>?
      Monika: Ja, die Äpfel sind nämlich _____.

   b) Leon: Kann ich bei dem <u>Sturm</u> nach draußen?
      Monika: Ja, aber pass auf! Es ist sehr _____.

   c) Leon: Und es hat heute Nacht <u>Frost</u> gegeben.
      Monika: Dann wird es sicherlich auch noch _____ sein.

   d) Leon: Geh ich dir eigentlich gerade auf die <u>Nerven</u>?
      Monika: Ja, du machst mich gerade ganz _____.

   e) Leon: Du siehst ja aus wie ein <u>Gespenst</u>. Das ist _____.

WORTARTEN

Test 73  Schwierigkeitsstufe

Wortbildung – *Wortfamilien*

Mach was Anderes daraus!

1. Bilde ein verwandtes Wort, das zu der Wortart gehört, die in Klammern steht.

   a) stehlen: *Diebstahl* (Nomen)
   b) Regen: _____ (Adjektiv)
   c) faul: _____ (Verb)
   d) Kunst: _____ (Adjektiv)
   e) Getränk: _____ (Verb)
   f) schwimmen: _____ (Nomen)
   g) richtig: _____ (Verb)
   h) klammern: _____ (Nomen)
   i) Nässe: _____ (Adjektiv)

Im Schreibwarenladen

2. Setze die Geschichte fort und bringe möglichst zehn weitere Verwandte des Wortes *schreiben* unter.

   Grit hat zum Schulanfang einen neuen Schreibtisch bekommen und geht nun mit ihrer Mutter in den Schreibwarenladen, um eine Schreibunterlage zu besorgen.

WORTARTEN

Test 74   Schwierigkeitsstufe

Wortbildung – *Wortfelder*

Richtig oder falsch?

1. Richtig oder falsch?

   a) Laufen ist so ähnlich wie aufräumen.
      richtig ☐   falsch ☐

   b) Trinken ist so ähnlich wie saufen.
      richtig ☐   falsch ☐

   c) Brutzeln ist so ähnlich wie braten.
      richtig ☐   falsch ☐

   d) Schlagen ist so ähnlich wie prügeln.
      richtig ☐   falsch ☐

   e) Fliegen ist so ähnlich wie lernen.
      richtig ☐   falsch ☐

   f) Hexen ist so ähnlich wie zaubern.
      richtig ☐   falsch ☐

Wer gehört zu wem?

2. Zu einem Wortfeld gehören Wörter, die zwar nicht den gleichen Wortstamm haben, sich aber ähnlich sind. Finde die Wörter, die zusammenpassen.

   Schale, schlafen, Hund, Fluss, Köter, Schüssel, Haus, Leuchte, Anorak, Strom, Hütte, Jacke, pennen, Lampe

   _____
   _____
   _____

WORTARTEN

Test 75 — Schwierigkeitsstufe

Wortbildung – *Wortfelder*

Von klein nach groß

1. Bringe die Wörter eines Wortfeldes in eine bestimmte Reihenfolge (z. B. von klein nach groß).

   a) Straße, Autobahn, Weg
   _____

   b) lachen, schmunzeln, lächeln
   _____

   c) tuckern, rasen, fahren
   _____

   d) gucken, glotzen, blicken
   _____

   e) Strom, Fluss, Bach
   _____

   f) Karre, Limousine, Auto
   _____

Erzähl mal was vom Pferd!

2. Denke dir möglichst acht Wörter für *Pferd* aus.

   _____
   _____
   _____

WORTARTEN

Test 76 — Schwierigkeitsstufe

Wortbildung – *Oberbegriffe und Unterbegriffe*

Welcher Deckel passt aufs Töpfchen?

1. Entscheide, ob die Aussagen richtig oder falsch sind.

   a) Laufen und gehen können dem Oberbegriff bewegen zugeordnet werden.
      richtig ☐   falsch ☐

   b) Pauken und büffeln können dem Oberbegriff lernen zugeordnet werden.
      richtig ☐   falsch ☐

   c) Bus und Kuchen können dem Oberbegriff Nahrungsmittel zugeordnet werden.
      richtig ☐   falsch ☐

   d) sehen und rufen können dem Oberbegriff wahrnehmen zugeordnet werden.
      richtig ☐   falsch ☐

   e) sehen und riechen können dem Oberbegriff wahrnehmen zugeordnet werden.
      richtig ☐   falsch ☐

   f) schmecken und fühlen können dem Oberbegriff wahrnehmen zugeordnet werden.
      richtig ☐   falsch ☐

In der Küche

2. Ordne die Oberbegriffe den Unterbegriffen zu.

   Oberbegriffe: Gewürze, Tätigkeiten, Besteck, Küchengeräte

   a) _____ : Messer, Gabel, Löffel

   b) _____ : Pfeffer, Salz, Oregano

   c) _____ : Mixer, Rührgerät, Backofen

   d) _____ : backen, kochen, spülen

WORTARTEN

Test 77 — Schwierigkeitsstufe

Wortbildung – *Oberbegriffe und Unterbegriffe*

Was passt am besten?

1. Kreuze an, was auf alle Gegenstände zutrifft.

   a) Regenschirm, Sonnenhut, Sonnenschirm
   - ☐ Kleidungsstücke
   - ☐ Wetterschutz
   - ☐ Sonnenschutz

   b) Mineralwasser, Orangensaft, Limonade
   - ☐ Erfrischungen
   - ☐ lecker
   - ☐ Getränke

   c) Schiff, Flugzeug, Bus
   - ☐ Autos
   - ☐ Transportmittel
   - ☐ Dampfer

   d) Baum, Blume, Busch
   - ☐ Pflanzen
   - ☐ Blüten
   - ☐ Hecken

   e) Englisch, Französisch, Mathematik
   - ☐ Fächer
   - ☐ Sprachen
   - ☐ Länder

Alle gehören zusammen

2. Ordne die Begriffe in die Tabelle ein.

   Barsch, Amsel, Elster, Hund, Hai, Pferd, Spatz, Schlange, Krokodil, Kuh, Eidechse, Schaf, Aal, Rochen, Kolibri, Schildkröte

Vögel	Reptilien	Säugetiere	Fische

SATZLEHRE

Test 78 — Schwierigkeitsstufe

Sätze – *der Aussagesatz*

Wahrheit oder Lüge?

1. Entscheide, was richtig und was falsch ist.

   a) Mit einem Aussagesatz stellt man eine Frage.

   richtig ☐   falsch ☐

   b) Mit einem Aussagesatz will man jemanden beleidigen.

   richtig ☐   falsch ☐

   c) In einem Aussagesatz wird etwas berichtet, erzählt oder mitgeteilt.

   richtig ☐   falsch ☐

   d) In einem Aussagesatz fehlt das Verb.

   richtig ☐   falsch ☐

   e) Nach einem Aussagesatz steht ein Punkt.

   richtig ☐   falsch ☐

   f) Dies ist ein Aussagesatz.

   richtig ☐   falsch ☐

Ohne Punkt und Komma

2. Unterteile die Wortschlange in mehrere kleine Sätze. Denke daran, dass du den Satzanfang großschreiben musst.

   Caroline spielt Basketball Basketball ist ihr Hobby sie übt diesen Sport schon seit vielen Jahren aus deshalb ist sie auch besonders gut

   _____

   _____

   _____

   _____

SATZLEHRE

Test 79  Schwierigkeitsstufe

Sätze – *der Fragesatz*

Fragen über Fragen

1. Beantworte die Fragen mit *ja* oder *nein*.

   a) Kann man mit einem Fragesatz eine Frage stellen?
   ja ☐   nein ☐

   b) Kann der Fragesatz mit einem Fragepronomen beginnen?
   ja ☐   nein ☐

   c) Kann der Fragesatz mit einem anderen Wort beginnen?
   ja ☐   nein ☐

   d) Endet der Fragesatz mit einem Punkt?
   ja ☐   nein ☐

   e) Endet der Fragesatz mit einem Fragezeichen?
   ja ☐   nein ☐

   f) Ist dies ein Fragesatz?
   ja ☐   nein ☐

Die verwischte Schrift

2. Tanja schreibt ihrer Freundin in Berlin einen Brief. Leider ist Tee über den Brief gelaufen und hat alle Punkte und Fragezeichen verwischt. In dem Brief stecken zwei Fragen. Findest du sie?

   Liebe Katja,
   leider musstest du lange auf meinen Brief warten Bist du mir deswegen eigentlich böse Ich hoffe nicht, doch bevor du dich fragst, warum ich erst jetzt schreibe, erkläre ich dir, was hier los war Hast du schon einmal einen Umzug mitgemacht

SATZLEHRE

Test 80 — Schwierigkeitsstufe

Sätze – *der Aufforderungssatz*

Vor dem Schulfest

1. Beim jährlichen Schulfest ist alles durcheinandergeraten. Die Klasse 6a wollte auf dem Schulhof einen Hip-Hop-Tanzwettbewerb veranstalten, aber keiner ist dort, wo er sein soll. Der Klassensprecher versucht, die Ordnung wiederherzustellen. Kreuze an, bei welchen Sätzen es sich um Aufforderungssätze handelt.

   a) Macht Platz für die Tanzfläche! ☐

   b) Könntet ihr bitte etwas leiser sein? ☐

   c) Hol bitte die Plakatwand, Boris! ☐

   d) Die anderen Kinder werden gleich zum Tanzen kommen. ☐

   e) Warum ist die Musikanlage noch nicht aufgestellt? ☐

   f) Hol jetzt bitte den Tisch und stell ihn hier hin! ☐

   g) Wir brauchen noch eine Treppe für die Siegerehrung. ☐

   h) Wer hat denn das Plakat verschmiert? ☐

   i) Sag bitte im Sekretariat Bescheid, dass wir noch Zeit brauchen! ☐

Das Murmelspiel

2. Bettina hat auf dem Dachboden ein altes Murmelspiel gefunden. Sie würde es gerne spielen, aber sie kennt die Regeln nicht. William, ihr Vater, erklärt ihr, wie es geht. Setze die passenden Satzzeichen hinter die Sätze.

   William: Hast du schon einmal Murmeln gespielt **(a)**☐ Bettina: Nein. Erklär mir bitte, wie es funktioniert **(b)**☐ William: Nimm eine Murmel aus dem Glas **(c)**☐ Dann gehst du in die Hocke **(d)**☐ Nimm ein bisschen Schwung **(e)**☐ Du solltest möglichst viele andere Murmeln mit deiner Murmel treffen **(f)**☐ Pass auf, dass du die große Murmel nicht zu weit weg schießt **(g)**☐ Wer am Ende mit seiner Murmel am nächsten an der großen Murmel ist, hat gewonnen **(h)**☐ Hast du alles verstanden **(i)**☐

SATZLEHRE

Test 81  Schwierigkeitsstufe

Sätze – *Satzreihen*

Wer versteht hier nur Bahnhof?

1. In wie viele einzelne Hauptsätze lassen sich die Satzreihen einteilen? Schreibe die Zahl hinter die Satzreihe.

   a) Der Schaffner schließt die Türen, die Reise beginnt. ____

   b) Die Fahrgäste schauen sich um. ____

   c) Der Schaffner geht durch die Abteile, er schaut sich von allen Fahrgästen die Fahrkarten an und er beantwortet ihre Fragen zur Fahrt. ____

   d) Manche Fahrgäste kaufen sich einen Kaffee, andere kaufen sich ein belegtes Brot und man kann sogar ein Mittagessen bekommen. ____

   e) Der Zug hält an vielen Stationen, Menschen steigen zu, Menschen steigen aus und alle kommen an ihr Ziel. ____

Echt verbunden

2. Verbinde die Sätze zu einer Satzreihe, indem du ein Komma setzt oder die Konjunktion *und* verwendest.

   a) Sarah spielt Geige. Martin spielt Bass.
   _____

   b) Verena liebt Bücher. Sie hat schon viele Vorlesewettbewerbe gewonnen.
   _____

   c) Claudia hat einen Vogel. Sie hat auch einen Hamster.
   _____

   d) Laura spielt Volleyball. Sie ist auch im Leichtathletikverein.
   _____

SATZLEHRE

Test 82 — Schwierigkeitsstufe

Sätze – *Satzgefüge*

Nicht ohne den Hauptsatz

1. Satzgefüge bestehen aus mindestens einem Hauptsatz und einem Nebensatz. Nebensätze erkennst du daran, dass sie nicht allein stehen können. Unterstreiche den Nebensatz.

   a) Hans spielt Handball, weil es Spaß macht.

   b) Karsten reitet, obwohl er als kleines Kind Angst vor Pferden hatte.

   c) Als Marc nach Hause kam, war Celia beim Hockey.

   d) Weil Ingeborg schnell strickt, ist der Pullover schon fertig.

   e) Johannes geht einkaufen, obwohl er sich lieber mit seinen Freunden treffen würde.

   f) Olaf glaubt, dass morgen die Sonne scheinen wird.

   g) Uli schreibt Briefe, weil sie E-Mails unpersönlich findet.

Das Verb, das immer am Schluss kommt

2. Den Nebensatz erkennst du daran, dass das konjugierte Verb immer am Ende steht. Unterstreiche das konjugierte Verb am Ende des Nebensatzes.

   a) Gisela liebt das Wandern in den Bergen, weil die Aussicht so schön ist.

   b) Harald füttert seinen Hund, der sich hungrig auf das Futter stürzt.

   c) Cornelia sucht ihren Hamster, der unter dem Bett verschwunden ist.

   d) Einar kann besonders gut flöten, da er schon viele Jahre Unterricht nimmt.

   e) Anja betreut Jugendliche, die bei einer Freizeit mitfahren.

   f) Hakan spielte Fußball, als es zu regnen begann.

   g) Anton passt auf seinen kleinen Bruder auf, bis seine Mutter vom Einkaufen zurück ist.

   h) Während Kerrin in London den Tower besichtigte, fuhr William mit der U-Bahn.

SATZLEHRE

Test 83  Schwierigkeitsstufe

Sätze – *Satzgefüge*

Ganz schön verzwickt

1. Zeige, wie das Satzgefüge aufgebaut ist, indem du die Sätze in Haupt- und Nebensätze aufteilst.

   Die Katze, die auf den Baum geklettert ist, kommt dort nicht mehr runter.
   Hauptsatz: *Die Katze kommt dort nicht mehr runter.*
   Nebensatz: *..., die auf den Baum geklettert ist,*

   a) Jack, der immer alle anderen Kinder verprügelt, ist selbst eigentlich ein großer Feigling.

   Hauptsatz: _____

   Nebensatz: _____

   b) Costa, der seine Großeltern sehr vermisst, darf sie diesen Sommer in Griechenland besuchen.

   Hauptsatz: _____

   Nebensatz: _____

Apfelernte

2. Verwandle die einzelnen Sätze zu einem Satzgefüge.

   Die Apfelbäume stehen im Garten. Die Apfelbäume tragen Früchte. Die Äpfel müssen geerntet werden.
   Die Apfelbäume, die im Garten stehen, tragen Früchte, die geerntet werden müssen.

   a) Letzten Sommer regnete es kaum. Die Ernte wird sehr schlecht ausfallen.

   _____

   b) Torben ist zu spät. Torben muss sich beeilen.

   _____

SATZLEHRE

Test 84 — Schwierigkeitsstufe

Satzglieder – *die Umstellprobe*

„Seltsam sehr das ist Zweifel ohne"

1. Kreuze an, welche Sätze richtig sind.

    a) Vor vielen Jahren lebten auf einem riesigen Kontinent die Dinosaurier. ☐
    b) Riesigen auf Kontinent vor einem die Dinosaurier lebten vielen Jahre. ☐
    c) Kontinent riesigen vielen Jahren vor die Dinosaurier lebten auf einem. ☐
    d) Auf einem riesigen Kontinent lebten vor vielen Jahren die Dinosaurier. ☐
    e) Die Dinosaurier lebten vor vielen Jahren auf einem riesigen Kontinent. ☐
    f) Vor vielen Jahren die Dinosaurier auf einem riesigen Kontinent lebte. ☐

Was gehört zusammen?

2. Bestimmte Wörter lassen sich nur zusammen verschieben. Sieh dir die Sätze genau an und schreibe die Wörter, die zusammenbleiben müssen, als Wortgruppe auf die Linien. Notiere auch die Wörter, die allein stehen.

    a) Jessica und Antonio gehen heute in den Zoo.
       Heute gehen Jessica und Antonio in den Zoo.
       In den Zoo gehen heute Jessica und Antonio.

    _____   _____

    _____   _____

    b) Pamela spielt seit vielen Jahren Gitarre.
       Gitarre spielt seit vielen Jahren Pamela.
       Seit vielen Jahren spielt Pamela Gitarre.

    _____   _____

    _____   _____

SATZLEHRE

Test 85

Satzglieder – *das Prädikat*

Ein seltsames Fußballspiel

1. Der Trainer der Fußballmannschaft ist krank. Darum verläuft das Spiel auch nicht wie ein normales Spiel. Unterstreiche in jedem Satz das Satzglied, das an zweiter Stelle steht.
   Das ist das Prädikat.

   Valerie rollt sich beim Anpfiff auf dem Boden. Ulf jubelt nur bei einem Eigentor. Eike täuscht den eigenen Torwart. Torwart Karl geht jedem Ball aus dem Weg. Der Co-Trainer applaudiert der gegnerischen Mannschaft. Paul spielt dem gegnerischen Verteidiger einen Ball zu. Johanna turnt am Tor. Frederik schläft mitten auf dem Spielfeld. Judith telefoniert mit ihrer besten Freundin. Carsten macht noch schnell die schwierigen Mathehausaufgaben.

Nach dem Spiel

2. Die Mannschaft hat das Spiel natürlich verloren. Der Trainer ist entsetzt, als ihm Heike von den Fehlern der Jungen und Mädchen berichtet.
   Unterstreiche das Prädikat, aber beachte, dass es hier aus zwei Teilen besteht. Die konjugierte Form bildet mit dem anderen Teil des Prädikats die Prädikatsklammer.

   „Katrin hat ständig die gegnerische Mannschaft angefeuert. Lars hat immer auf das eigene Tor geschossen. Der Torwart ist während des Spiels kurz auf die Toilette gegangen. Petra musste ihren Bus noch vor Ablauf der ersten Halbzeit bekommen. Der Co-Trainer hat den besten Spieler nach Hause geschickt. Oliver hat seine Brille zu Hause vergessen. Christian hat den Ball ständig in einen Korb geworfen. Udo hat wegen des großen Motorradhelms auf seinem Kopf nichts gesehen."

SATZLEHRE

Test 86 ☐☐☐ Schwierigkeitsstufe

Satzglieder – *das Subjekt*

Kann das sein?

1. Viele der folgenden Behauptungen über das Subjekt sind richtig. Doch bei einigen hat sich jemand Blödsinn einfallen lassen. Entscheide, ob die Aussagen falsch oder richtig sind.

   a) Das Subjekt ist die Satzaussage.
      richtig ☐   falsch ☐

   b) Das Subjekt ist der Satzgegenstand.
      richtig ☐   falsch ☐

   c) Das Subjekt lässt sich nicht erfragen.
      richtig ☐   falsch ☐

   d) Das Subjekt lässt sich erfragen mit „Was geschieht?".
      richtig ☐   falsch ☐

   e) Das Subjekt lässt sich erfragen mit „Wer oder was tut etwas?".
      richtig ☐   falsch ☐

   f) Das Subjekt kann im Satz verschoben werden.
      richtig ☐   falsch ☐

   g) Das Subjekt kann nicht im Satz verschoben werden.
      richtig ☐   falsch ☐

Geisterstunde

2. Nachts ist es manchmal ganz schön unheimlich. Mara fürchtet sich vor den vielen Geräuschen, die zu hören sind, wenn man ganz leise ist. Unterstreiche in jedem Satz das Subjekt.

   Der Wind pfeift. Die Dielen knarren. Die Eule ruft. Die Tür schlägt zu. Die Kochtöpfe scheppern im Schrank. Ein unheimliches Licht leuchtet draußen in der Einfahrt auf.

SATZLEHRE

Test 87 Schwierigkeitsstufe

Satzglieder – *das Akkusativobjekt*

Streit im Supermarkt

1. Beantworte die Fragen in einem ganzen Satz.

    Harald beschuldigt Jonas, weil Jonas sich an der Kasse vorgedrängelt hat.
    Wen beschuldigt Harald? *Harald beschuldigt Jonas.*

    a) Christine schreit Norbert an, weil er die Kühltruhe nicht geschlossen hat.

    Wen schreit Christine an? _____

    b) Olaf meckert Gerda an, weil sie mit dem Einkaufswagen den Weg versperrt.

    Wen meckert Olaf an? _____

    c) Anne schubst Dieter, weil er ihr den letzten Salatkopf nicht überlassen will.

    Wen schubst Anne? _____

    d) Judith ermahnt Laura, weil sie an der Kasse trödelt.

    Wen ermahnt Judith? _____

Tierzwist

2. Entscheide, ob es sich bei dem unterstrichenen Objekt im Satz um ein Akkusativobjekt handelt.

    a) Der Hund jagt die Katze.
    ja ☐   nein ☐

    b) Der Floh ängstigt den Elefanten.
    ja ☐   nein ☐

    c) Die Katze jagt der Maus Angst ein.
    ja ☐   nein ☐

    d) Der Bär gibt dem Huhn einen Tritt.
    ja ☐   nein ☐

    e) Die Maus will den Floh fressen.
    ja ☐   nein ☐

    f) Der Löwe zertrampelt den Floh.
    ja ☐   nein ☐

    g) Der Hase jagt die Schildkröte.
    ja ☐   nein ☐

    h) Der Wal verschluckt den Aal.
    ja ☐   nein ☐

SATZLEHRE

Test 88  Schwierigkeitsstufe

Satzglieder – *das Dativobjekt*

Helfende Hände

1. Wenn man einander hilft, gehen die Dinge oft viel einfacher. Unterstreiche, wem geholfen wird.

   Dem alten Mann wird geholfen beim Überqueren der Straße. Benny hilft dem kleinen Bruder beim Binden der Schuhe. Bettina wird bei ihren Hausaufgaben geholfen. Josefine hilft ihrem Vater beim Rasenmähen. Ricarda hilft Gerd beim Jäten des Unkrauts. Helga wird beim Pizzabacken geholfen. Hilke hilft ihrer kleinen Schwester beim Telefonieren. August hilft dem Trainer beim Tragen der Bälle auf das Fußballfeld. Kira hilft ihrer Schwester beim Einschlafen und liest ihr eine Geschichte vor.

Beste Freunde

2. Setze ein passendes Dativobjekt ein.

   Peter ist der beste Freund von Maxi, denn Peter erzählt **(a)** _____ tolle Witze. Ann-Katrin ist die allerbeste Freundin von Hans-Jonas, denn sie gibt **(b)** _____ Tipps für die Hausaufgaben. Christina kümmert sich oft um Ralfs Hund und macht **(c)** _____ damit eine große Freude. Jenny hält schon zu Christian, seit sie mit **(d)** _____ als ganz kleines Kind im Sandkasten gespielt hat. Taras bester Freund Jan-Michael backt **(e)** _____ einmal wöchentlich ihren Lieblingspfannkuchen.

SATZLEHRE

Test 89  Schwierigkeitsstufe

Satzglieder – *das Genitivobjekt*

Ein seltener Gast

1. Das Genitivobjekt wird heute kaum noch genutzt. Es ist in der deutschen Sprache ein seltener Gast. Kreuze an, ob es sich bei dem unterstrichenen Objekt um ein Genitivobjekt handelt.

   a) Hilf <u>deinem Bruder</u> bitte bei den Hausaufgaben!
      ja ☐   nein ☐

   b) Bist du eigentlich <u>des Wahnsinns</u>?
      ja ☐   nein ☐

   c) Tina ruft <u>ihre kleine Schwester</u>.
      ja ☐   nein ☐

   d) Er freut sich <u>seines Lebens</u>.
      ja ☐   nein ☐

   e) Sie rufen <u>ihre Freunde</u> an.
      ja ☐   nein ☐

Vor vielen, vielen Jahren ...

2. Da in unserer Alltagssprache kaum noch Genitivobjekte auftauchen, klingen sie ein bisschen altmodisch – genau wie die folgenden Sätze. Erfrage das Genitivobjekt.

   a) Prinz Olaf gedenkt seiner Großmutter.
   _____

   b) Fräulein Brunhilde freut sich ihres Lebens.
   _____

   c) Konrad, der Schlossdiener, kommt des Weges daher.
   _____

SATZLEHRE

Test 90  Schwierigkeitsstufe

Satzglieder – *das Präpositionalobjekt*

In den Bergen

1. Unterstreiche die Präposition, die zum markierten Objekt gehört.

   a) Als Felix auf dem Gipfel stand, dachte er an seinen Großvater .

   b) Dieser wurde seinerzeit zu einem berühmten Bergsteiger .

   c) Er hoffte auf sein Glück .

   d) Dann bestieg er den Berg als erster Mensch .

   e) Felix erinnert sich gerne an seinen berühmten Verwandten .

   f) Felix begnügt sich aber mit weniger Ruhm .

Durcheinander gewürfelt

2. Ordne die Wörter so zu einem Satz, dass dabei ein präpositionales Objekt entsteht.

   a) Auf Wetter sie besseres hoffen.
   _____

   b) Wartet auf er den Bus.
   _____

   c) Steht Fehlern ihren zu sie.
   _____

   d) Etwas sie hält ihn auf.
   _____

   e) Guten Nachrichten sie mit rechnet.
   _____

SATZLEHRE

Test 91  Schwierigkeitsstufe

Satzglieder – *die Weglassprobe*

Geht's auch ohne?

1. Die adverbiale Bestimmung erkennt man im Satz daran, dass man sie weglassen kann, ohne dass der Satz seinen Sinn verliert. Kann man das unterstrichene Satzglied weglassen?

    a) Lara singt <u>sehr gerne</u> Lieder.
       ja ☐   nein ☐

    b) Kerstin hofft <u>auf besseres Wetter</u>.
       ja ☐   nein ☐

    c) Henning hört <u>laute Geräusche</u>.
       ja ☐   nein ☐

    d) Doris schläft <u>heute</u> aus.
       ja ☐   nein ☐

    e) Kira spielt heute <u>wegen des schlechten Wetters</u> nicht draußen.
       ja ☐   nein ☐

Was ist hier überflüssig?

2. Unterstreiche in jedem Satz das Satzglied, das für den Satzsinn nicht zwingend notwendig ist.

    a) Bernd hat heute viele Hausaufgaben auf.
    b) Gerda möchte in den Ferien nach Spanien.
    c) Sina geht wegen des schlechten Wetters in die Sporthalle.
    d) Pia freut sich sehr über den Besuch.
    e) Annika erfährt auf dem Balkon von ihrem Glück.
    f) Corinna singt unter der Dusche.

97

SATZLEHRE

Test 92  Schwierigkeitsstufe

Satzglieder – *die adverbiale Bestimmung des Ortes*

So ein Rummel!

1. Bilde mit den angegebenen adverbialen Bestimmungen des Ortes je einen Satz. Du kannst auch eine kleine Geschichte erzählen.

   auf dem Rummel, vor der Würstchenbude, in der Geisterbahn, im Zelt, am Ausgang

   _____
   _____
   _____
   _____
   _____
   _____
   _____

Wo passiert was?

2. Ergänze bei jedem Satz eine adverbiale Bestimmung des Ortes. Lass deiner Fantasie freien Lauf.

   a) Rudi fährt mit dem Fahrrad _____.
   b) Kenneth wohnt in einem Haus _____.
   c) Till lässt _____ seinen Drachen steigen.
   d) Viola geht heute _____.
   e) Susanne besucht ihre Tante _____.
   f) Ich werde morgen _____ einen Computer kaufen.

SATZLEHRE

Test 93 — Schwierigkeitsstufe

Satzglieder – *die adverbiale Bestimmung der Zeit*

Wann passiert was?

1. Ergänze die folgenden adverbialen Bestimmungen der Zeit.
   (Tipp: Bei manchen Sätzen sind mehrere Lösungen richtig.)

   nächste Woche, Mitternacht, heute, später, am Abend

   Tanja geht mit ihrer Tante (a) _____ spazieren. Ute hat für (b) _____ _____ alle Freunde eingeladen. Tara möchte die Hausaufgaben nicht jetzt, sondern (c) _____ machen. Ole geht (d) _____ mit Freunden zum Fußballspiel. Alfred kommt heute nicht vor (e) _____.

Der Zieleinlauf

2. Bilde mit den angegebenen adverbialen Bestimmungen der Zeit je einen Satz. Du kannst auch eine kleine Geschichte erzählen.

   vor acht Jahren, heute, zuerst, später, am Ende

   _____
   _____
   _____
   _____
   _____
   _____
   _____

SATZLEHRE

Test 94  Schwierigkeitsstufe

Satzglieder – *die adverbiale Bestimmung des Grundes*

Der Dieb

1. Bilde mit den angegebenen adverbialen Bestimmungen des Grundes je einen Satz. Du kannst auch eine kleine Geschichte erzählen.

   vor Ungeduld, wegen der Verspätung, aufgrund der vielen Menschen, durch mutiges Eingreifen

   _____

   _____

   _____

   _____

   _____

Warum?

2. Ergänze die adverbialen Bestimmungen des Grundes.

   a) Andy kann _____ (Lärm) nicht schlafen.

   b) Jürgen kommt _____
      (zeitliche Gründe) nicht zur Party.

   c) Felix konnte _____ (Bauch-
      schmerzen) nichts essen.

   d) Erik sah _____ (Dunkelheit)
      nur wenig.

   e) _____ (hohe Wellen)
      schwankt das Schiff.

SATZLEHRE

Test 95 — Schwierigkeitsstufe

Satzglieder – *die adverbiale Bestimmung der Art und Weise*

In der Glasbläserei

1. Bilde mit den angegebenen adverbialen Bestimmungen der Art und Weise je einen Satz. Du kannst auch eine kleine Geschichte erzählen.

   schwitzend, schnell, ganz vorsichtig, behutsam, voller Bewunderung

   _____
   _____
   _____
   _____
   _____
   _____
   _____

Was passiert wie?

2. Ergänze die passenden adverbialen Bestimmungen der Art und Weise.
   (Tipp: Bei manchen Sätzen sind mehrere Lösungen richtig.)

   auswendig, gerne, schlecht, zuverlässig und zügig, regelmäßig

   Marvin arbeitet **(a)** _____ .
   Christoph kennt seinen Schulweg **(b)** _____ .
   Heiko spielt **(c)** _____ Fußball.
   Nina reitet **(d)** _____ .
   Ulf spielt **(e)** _____ Trompete.

SATZLEHRE

Test 96 — Schwierigkeitsstufe

Satzglieder – *das Attribut*

Der Wissenschaftswettbewerb

1. Jährlich findet für alle Kinder der Region ein Wissenschaftswettbewerb statt. Ergänze die Lücken mit den passenden Attributen. (Tipp: Lies den Text einmal ganz durch, bevor du die Lücken ausfüllst.)

streng, aus Leipzig, batteriebetrieben, Wettbewerb,
interessiert, klein, intelligent, energiesparend

Ein Mädchen (a) _____ stellt der (b) _____ Jury

einen (c) _____ Wasserkocher vor.

Ein Junge aus dem (d) _____ Ort Mini überzeugt die

(e) _____ Besucher der Veranstaltung mit einem

(f) _____, ferngesteuerten Roboter. Die Gewinnerin

(g) _____ aber ist ein 13-jähriges Mädchen, das eine

(h) _____ Fernbedienung konstruiert hat.

Lieber noch mal nachfragen

2. Denke dir passende Attribute aus.

   Johanna: Können wir morgen mit dem Bus ins Schwimmbad?
   Klaus: Mit welchem Bus?
   Johanna: Wir fahren mit dem Bus der städtischen Verkehrsbetriebe.

   a) Johanna: Dann treffen wir uns morgen auf dem Fußballplatz.
   Klaus: Auf welchem Fußballplatz?
   Johanna: _____

   b) Johanna: Ich bringe noch eine Freundin mit.
   Klaus: Welche Freundin?
   Johanna: _____

SATZLEHRE

Test 97  Schwierigkeitsstufe

Satzglieder – *das Attribut*

Wer baut den schönsten Schneemann?

1. Im Januar findet in Winzingen der Wettbewerb „Wer baut den schönsten Schneemann?" statt. Verwende die folgenden Attribute und schreibe einen kleinen Bericht über den diesjährigen Wettbewerb.

   des Bürgermeisters, riesiger, mit Hut und Möhre, des Siegers, schönen glänzenden Augen

   _____
   _____
   _____
   _____
   _____
   _____

Die Siegerehrung

2. Schreibe die Sätze ab und ergänze bei den unterstrichenen Nomen ein Attribut.

   a) Den ersten Platz belegte Pauls Schneemann.
   _____

   b) Auf dem zweiten Platz landete eine Schneefrau.
   _____

   c) Jasmin ist die Erbauerin des Drittplatzierten.
   _____

SATZLEHRE

Test 98  Schwierigkeitsstufe

Zeichensetzung – *die Anführungszeichen*

Richtig oder falsch?

1. Entscheide, ob die Aussagen richtig oder falsch sind.

   a) Anführungszeichen werden nur oben gesetzt.
   richtig ☐   falsch ☐

   b) Anführungszeichen werden am Anfang unten und am Ende oben gesetzt.
   richtig ☐   falsch ☐

   c) Anführungszeichen werden am Anfang oben und am Ende unten gesetzt.
   richtig ☐   falsch ☐

   d) Anführungszeichen kennzeichnen die wörtliche Rede.
   richtig ☐   falsch ☐

   e) Anführungszeichen verwendet man, wenn man etwas markieren will.
   richtig ☐   falsch ☐

Streit unter Geschwistern

2. In diesem Gespräch fehlen alle Anführungszeichen. Ergänze sie.

   Mama , ruft Johannes, Claudia hat meinen Schrank durchwühlt. Claudia brüllt wütend dazwischen: Johannes hat im Badezimmer in meiner Kulturtasche herumgeschnüffelt. Dann schreit Johannes: Und was hat Claudia in meinen Fußballsachen zu suchen? Und wieso versteckt Johannes meine Reitstiefel? , meckert Claudia. Beruhigt euch doch bitte erst einmal, sagt da die Mutter. Ich höre euch sowieso nicht zu, solange ihr schreit und brüllt.

SATZLEHRE

Test 99  Schwierigkeitsstufe

Zeichensetzung – *das Komma bei Satzreihen*

Sätze am Stück

1. Mehrere aufeinanderfolgende Hauptsätze können durch einen Punkt oder durch ein Komma voneinander getrennt werden. Unterstreiche in jeder Zeile den zweiten Hauptsatz.

   a) Anja spielt Flöte, Johannes spielt Klavier.

   b) Die Kinder werden leiser, der Unterricht beginnt.

   c) Ute freut sich auf Weihnachten, Hans mag Ostern lieber.

   d) Wiebke kennt sich in Stuttgart nicht aus, sie kommt aus Hamburg.

   e) Anna-Maria mag Hunde, sie hat aber trotzdem keinen Hund.

   f) Petra macht Hausaufgaben, Pia ist schon damit fertig.

   g) Sonja zieht sich warm an, sie geht nach draußen.

   h) Jessica liebt Blumen, sie kauft gerade einen Strauß.

   i) Marc liest, sein Bruder hört Musik.

Aus eins mach zwei!

2. Mache aus den beiden Hauptsätzen der Satzreihe zwei einzelne Sätze.

   a) Josef geht einkaufen, Sybille deckt den Tisch.

   _____

   _____

   b) Jan spielt Fußball, Torben rudert im Verein.

   _____

   _____

SATZLEHRE

Test 100 — Schwierigkeitsstufe

Zeichensetzung – *das Komma bei Satzgefügen*

Was weißt du über den Nebensatz?

1. Kreuze die richtigen Aussagen an.

   a) ☐ Nebensätze sind Hauptsätze, die neben anderen Hauptsätzen stehen.
   b) ☐ Nebensätze werden durch ein Komma vom Hauptsatz abgetrennt.
   c) ☐ Nebensätze werden durch ein Komma von anderen Nebensätzen abgetrennt.
   d) ☐ Nebensätze sind unwichtig.
   e) ☐ Bei Nebensätzen steht das konjugierte Verb am Ende.
   f) ☐ Nebensätze werden durch einen Punkt vom Hauptsatz abgetrennt.
   g) ☐ Nebensätze können nicht allein stehen.
   h) ☐ Nebensätze sind mit einer Konjunktion mit anderen Sätzen verbunden.

Da fehlt was

2. Ergänze den Hauptsatz um einen Nebensatz.

   a) Ina bleibt heute zu Hause, da _____ .
   (sich krank fühlen)

   b) Johanna räumt auf, obwohl _____ .
   (keine Lust haben)

   c) Jennifer kam nach Hause, als _____ .
   (Gerd: Küche putzen)

   d) Julia beeilt sich, damit _____ .
   (nicht zu spät kommen)

   e) Frederik hofft, dass _____ .
   (das Spiel gewinnen)

   f) Alina geht, weil _____ .
   (die Party nicht gefallen)

SATZLEHRE

Test 101 — Schwierigkeitsstufe

Zeichensetzung – *das Komma bei Satzgefügen*

Erkenne den Nebensatz

1. Unterstreiche den Nebensatz.

   a) Im Sommer ist es heiß, sodass viele Menschen ins Schwimmbad gehen.

   b) Weil das Wetter so schön ist, gehen viele Menschen ins Schwimmbad.

   c) Obwohl es regnet, sind heute viele Menschen draußen.

   d) Es regnet, sodass die meisten Menschen nach Hause gehen.

   e) Es ist der Regen, der die Menschen nach Hause treibt.

Die Verbindung finden

2. Unterstreiche die Konjunktion, die den Hauptsatz mit dem Nebensatz verbindet.

   Thore ruft bei seinem Freund an, weil er mit ihm spielen möchte. Marius bleibt zu Hause, weil er auf einen Anruf wartet. Karla beeilt sich, damit sie den Bus noch bekommt. Anke schreibt, bis ihr die Finger glühen. Meine Schwester will sich ein Schiff kaufen, obwohl sie seekrank ist.

Das konjugierte Verb finden

3. Unterstreiche das konjugierte Verb des Nebensatzes.

   (a) Norbert macht sich Sorgen, obwohl er das nicht müsste. (b) Sonja lernt, obwohl sie den Stoff längst beherrscht. (c) Katja ruft ihren Hund, damit er kommt. (d) Christoph spielt Tischtennis, als seine Mutter ihn ruft. (e) Hanna geht dort spazieren, wo die Krokusse blühen. (f) Berta fand einen seltenen Edelstein, als sie in Nordengland in Urlaub war.

SATZLEHRE

Test 102 — Schwierigkeitsstufe

Zeichensetzung – *das Komma bei Satzgefügen*

Hauptsatz, Nebensatz

1. Bilde aus den vorgegebenen Satzfetzen zwei Sätze nach dem Muster *Hauptsatz, Nebensatz*.

   obwohl/Kerstin geht ins Training/Anna beeilt sich/weil/sie keine Lust hat/es regnet

   _____

   _____

Nebensatz, Hauptsatz

2. Bilde aus den vorgegebenen Satzfetzen zwei Sätze nach dem Muster *Nebensatz, Hauptsatz*.

   Karsten wünscht sich neue Fußballschuhe/da/in einer Band spielen will/weil/seine alten zu klein sind/Kai lernt Schlagzeug

   _____

   _____

Hauptsatz, Nebensatz, Hauptsatz

3. Bilde aus den vorgegebenen Satzfetzen zwei Sätze nach dem Muster *Hauptsatz, Nebensatz, Hauptsatz*.

   Paul/kann/er ihr bei den Hausaufgaben hilft/Tina ruft/damit/Jens an/gut Skateboard fahren/obwohl er wenig übt

   _____

   _____

SATZLEHRE

Test 103  Schwierigkeitsstufe

Zeichensetzung – *das Komma bei Appositionen und Partizipgruppen*

Der Umzug

1. Ergänze die Lücken im Text mit einer passenden Apposition.

   Unser Nachbar, *ein kleiner, freundlicher Mann*, begrüßte mich.

   a) Der Umzugswagen, _____,
   stand den ganzen Nachmittag vor der Haustür.

   b) Die Umzugshelfer, _____,
   arbeiteten den ganzen Tag.

   c) Olaf, _____, half auch beim
   Umzug mit.

   d) Die Schillerschule, _____, ist
   zum Glück nur wenige Fußminuten entfernt.

Der Komma-Trick

2. Partizipgruppen kann man mit einem Komma vom Rest des Satzes abtrennen, damit man den Satz besser versteht. Setze bei jedem Satz zwei Kommas.

   Stefan lief, freudig singend, die Straße entlang.

   a) Carsten vor Schreck erstarrt wagte, sich wieder zu bewegen.
   b) Antonia vor Leben sprühend begeisterte alle.
   c) Die Zuschauer vor Begeisterung jubelnd applaudieren immer noch.
   d) Emma vor Eifersucht rasend machte Alexander Vorwürfe.
   e) Otto vor Müdigkeit gähnend entschloss sich, ins Bett zu gehen.
   f) Torsten vor Freude lachend umarmte Falk.

LÖSUNGEN

Test 2

Aufgabe 1
a somitt, Kontzentration, Brotleib, Annanas, Packet, hin zukommen, Kukuk, abschraiben, Reiße, lehr, Kattze, raif, Boht, stöhren, heraus finden, reumen, Rächenaufgabe, tol , Katastrofe, Oofen, Ahl, Riehse, mi s, Ruhs, Fräude, Käule, Reuber

Test 3

Aufgabe 1
a Buch, Bücherregal
b Wette, wetten
c spielen, Spielzeug
d halten, Anhalter
e hoffen, Hoffnung
f kalt, Kälte
g Riese, riesig
h früh, Frühe
i speisen, Speise
j Musik, musikalisch

Aufgabe 2
schreiben: z. B. Schreiber, Schreibmaschine
konzentrieren: z. B. Konzentration, Konzentrationsschwierigkeiten
sicher: z. B. sichergehen, Sicherheit

Test 4

Aufgabe 1
a Baum – Bäume
b Traum – Träume
c Lauf – Läufe
d Haus – Häuser
e Raum – räumen

Aufgabe 2
Wäldchen, Händchen, Wändchen, Rädchen, Lädchen, Kästchen, Bänkchen, Schränkchen

Test 5

Aufgabe 1
a Wald – Wälder
b kalt – Kälte
c Held – Helden
d Teig – teigig
e Steg – Stege
f Tag – Tage
g Lob – lobenswert
h Korb – Körbe
i Tank – tanken
j Halt – halten
k Sand – sandig
l Wand – Wände

Aufgabe 2
a t – Plakate
b d – Wand
c g – fertigen
d t – kälter
e g – Tage

Test 6

Aufgabe 1
b Waldlehrpfad
c Kontoauszüge
d Füllfederhalter
e Rotkehlchen
j Sommerurlaub
k Flugzeugreparatur
l Wettstreit
o hier
p Geburtstagsfest

Aufgabe 2
Wald – lehr – pfad, Kon – to – aus – zü – ge, Füll – fe – der – hal – ter, Rot – kehl – chen, Som – mer – ur – laub, Flug – zeug – re – pa – ra – tur, Ge – burts – tags – fest, Wett – streit, hier

Test 7

Aufgabe 1
Linda, man, aber, Zeit, bellte, vorbeifuhren, aufmerksam, zum, Halsband, wo, erleichtert, ihrem, Anton

Aufgabe 2
a sechs
b acht
c sieben
d sieben
e acht
f sieben
g sechs
h sechs
i fünf
j sechs

Test 8

Aufgabe 1
a Topf
b Katze
c putzen
d schwitzen
e lachen
f Keller
g Mittag
h nass
i Widder

Test 9

Aufgabe 1
Liebe Frieda
Ich
mich
wirst
Wir
wie im
spielen
Dieses
Flieder
wie sieben
nicht
fies wie
verliebt
winzigen
riesig
Viele
Familie

Aufgabe 2
a Maschine
b fliegen
c sieben
d Frieden
e Tiger
f Tiere
g Riese
h Skier

LÖSUNGEN

Test 10

Aufgabe 1
Das Boot fährt auf dem Meer.
Die Fee zaubert eine Himbeere.
Der Speer landet im Klee.
Die Teekanne ist leer.

Aufgabe 2
a Fieber, gespielt
b ihm, Schal, fehlten, niesen, Nun
c liegt, viele, fühlt, mies
d ihn, spielen, sie
e Kartenspiel, wieder
f spätestens, wieder

Test 11

Aufgabe 1
a einen (Wohlstand)
b einen (Lüge)
c zwei (Pfingstmontag)
d einen (Schuh)
e einen (Kuchen)
f keinen
g einen (Ruß)
h einen (Bundesstraße)
i keinen

Aufgabe 2
a einen (Riss)
b keinen
c zwei (Stoßdämpfer)
d zwei (Mittelmaß)
e zwei (Hüpfburg)
f vier (Suppenschüssel)
g drei (Sahneschnitte)
h keinen
i keinen

Test 12

Aufgabe 1
Wörter mit s: Kiste, husten, Kasten, Hast, Liste, Rast, List, Last, lesen, Biest, Mist, Wiese, Riese
Wörter mit ss: Kuss, müssen, hassen, lassen, Pass, Kissen, Wasser
Wörter mit ß: Gruß, Fuß, gießen, schießen

Aufgabe 2
Ein stimmhaftes s haben die Wörter **b)** Rose, **d)** Riese, **f)** Reise und **g)** leise.
Ein stimmloses s kommt in den Wörtern **a)** rasseln, **c)** Riss und **e)** Kasse vor.

Test 13

Aufgabe 1
„La**ss** das und fa**ss** jetzt bitte nichts mehr an", mahnt der Vater Julia beim Schlangestehen an der Ka**ss**e. „Ich will aber wi**ss**en, was ich für einen Lolli zahlen mu**ss**", qua**ss**elt die kleine Julia weiter. „Und außerdem darfst du den Ka**ss**enbon für Mama nicht verge**ss**en. Die schimpft sonst wieder, da**ss** man sich auf dich nicht verla**ss**en kann!" „Du bist eine kleine Nervensäge. Ich möchte wirklich mal wi**ss**en, von wem du das hast", sagt Papa.

Aufgabe 2
Verse, lesen, Preise, Kreise

Test 14

Aufgabe 1
a Die Kerze aus Wa**ch**s wächst nicht.
b Das Wetter ist heute we**ch**selhaft.
c Tina hat sich mit Farbe beklec**k**st.
d Kerstins Vater fährt Ta**x**i.

Aufgabe 2
sch: schön, beschleunigt, schulfreien, schießt, Schleuder, Scherben
s: Gegenstand, Steine, spannt, Straße, Spielen (Tipp: Wenn ein **p** oder ein **t** folgt, wird das **s** wie **sch** gesprochen.)

Test 15

Aufgabe 1
a sonnigen
b schwierigsten, langweiligen
c hässlichen
d tödlich
e Glücklicherweise
f zuverlässiger, weinerliche
g reichlich
h kräftig

Test 16

Aufgabe 1
So könnte deine Lösung aussehen:
Der Hafenarbeiter ist schuldig. Der Boxer ist unschuldig, da der Täter eine Leiter benutzt hat und der Boxer sehr groß ist. Der Boxer ist so groß, dass er keine Leiter braucht. Die Sekretärin ist auch unschuldig, da auf dem Tau keine Fingerabdrücke von ihr sind. Der Hafenarbeiter bleibt als Täter übrig.

Test 17

Aufgabe 1
a bevor, friert, fliegen, Vögel
b Flugs
c Formation, Vorn, fliegen, voran
d v-förmig
e Felder, Flüsse, Afrika

Aufgabe 2
Die zerbrochene **V**ase
Mutter hat eine **w**ertvolle **V**ase. Die stammt noch aus der Zeit ihres Urgroß**v**aters, der sie wiederum von seinem **V**etter zum Geburtstag geschenkt bekommen hat. An einem **V**ormittag war **V**olker un**v**orsichtig und stieß an die **V**ase, sodass sie zerbrach und in **v**iele, kleine Scherben zerfiel. So ein Pech!

LÖSUNGEN

Test 18

Aufgabe 1
Nur die Aussagen **a)** und **c)** sind richtig.

Aufgabe 2
Alle Satzanfänge müssen großgeschrieben werden.

Test 19

Aufgabe 1
-keit, -nis, -schaft, -ung

Aufgabe 2
-keit: Heiterkeit, Freundlichkeit, Ehrlichkeit
-nis: Ärgernis, Geheimnis, Wagnis
-schaft: Verwandtschaft, Freundschaft, Mannschaft
-ung: Endung, Fertigung, Richtung

Aufgabe 3
Wander<u>ung</u>, Freund<u>schaft</u>, Wander<u>schaft</u>, Richt<u>ung</u>, Geheim<u>nis</u>, Aufreg<u>ung</u>

Test 20

Aufgabe 1
-er und **-heit** sind weitere typische Nomenendungen.

Aufgabe 2
So könnte deine Lösung aussehen:
Sicherheit, Frechheit, Besonderheit, Feigheit, Wahrheit, Entschlossenheit ...
Lehrer, Wunder, Bauer, Becher, Mader, Tiger ...

Test 22

Aufgabe 1
Seit einiger Zeit treibt <u>ein</u> fieser Welpendieb in <u>der</u> Stadt sein Unwesen. Er steigt nachts in <u>die</u> Häuser ein und stiehlt <u>die</u> jungen Hunde. <u>Die</u> Hunde verkauft er dann für viel Geld an Menschen, die sich schon lange <u>ein</u> kleines Hündchen wünschen. Zum Glück ist <u>der</u> Dieb mittlerweile hinter Schloss und Riegel und kann <u>den</u> kleinen Hunden nichts mehr anhaben. <u>Eine</u> mutige Frau aus <u>der</u> Nachbarschaft hat gesehen, wie <u>der</u> Dieb in <u>ein</u> Haus eingestiegen ist. Sie hat <u>das</u> Fenster von außen verrammelt, sodass es für <u>den</u> Übeltäter kein Entkommen mehr gab. Gut gemacht! <u>Das</u> Zuschauen allein hat noch nie geholfen.

Aufgabe 2
a ja (ihren)
b ja (diesen)
c nein
d ja (seine)
e ja (etwas)
f ja (seine)

Test 23

Aufgabe 1
a z. B. großes, schönes, amerikanisches
b z. B. großen, starken, mächtigen
c z. B. schönes, stürmisches, schlechtes

Aufgabe 2
Artikel: die Hölle, der Tafel, dem Pult, dem Fenster, die Sachen, den Schulhof
Pronomen: ihre Schultasche, ihr Matheheft
Präposition: an der Tafel, im Papierkorb, unter dem Pult, aus dem Fenster, auf den Schulhof
Zahlwort: drei Schüler

Test 24

Aufgabe 1
a ja   e ja
b nein   f ja
c nein   g nein
d nein   h ja

Aufgabe 2
a nein   e nein
b ja   f nein
c ja   g ja
d nein   h ja

Test 25

Aufgabe 1
So könnte deine Lösung aussehen:
Das Laufen macht Spaß.
Ich wünsche mir etwas Großes zum Geburtstag.
Zieh bitte etwas Grünes an!
Das Husten schmerzt.
Etwas Schnelles schoss an meinem Auge vorbei.
So etwas Liebes hat noch niemand zu mir gesagt.
Das Backen zu Weihnachten macht Spaß.
Das Schenken macht auch Spaß.
Vor dem Fallen hat er Angst.
Etwas Klebriges ist auf meinem Pullover.

Test 26

Aufgabe 1
a falsch   c richtig
b richtig   d falsch

LÖSUNGEN

Aufgabe 2
Doris und ich haben heute richtig viel <u>erleben dürfen</u>. Zuerst waren wir auf einer großen Wiese und haben dort Drachen <u>steigen lassen</u>. Danach wollten wir auf den großen Spielplatz <u>spielen gehen</u>, aber Doris' Brille ist <u>verloren gegangen</u> (oder: <u>verlorengegangen</u>). Nachdem uns drei andere Kinder <u>suchen halfen</u>, haben wir sie endlich gefunden.

Test 27

Aufgabe 1
a Auto fahren   d Stock suchen
c Maul stopfen   f Safari machen

Aufgabe 2
So könnte deine Lösung aussehen:
Wir waren regelmäßig Fahrrad fahren.
Mit neuen Freunden habe ich Fußball gespielt.
Meine Eltern wollten viele Fotos schießen.

Test 28

Aufgabe 1
Zusammengeschrieben wird in den Sätzen: **a)**, **c)** und **f)**.

Aufgabe 2
So könnte deine Lösung aussehen:
a Judith und Lea hatten sich am Vortag gestritten. Das war wohl der Grund dafür, dass Lea ihre Freundin Judith einfach auf der Party hat **stehenlassen.** Oder: Gerda hat keine Lust, den Tisch abzuräumen. Deswegen sagt ihre Mutter zu ihr, dass sie die Teller ruhig **stehen lassen** kann.
b Leonie ist nicht zur Arbeit gekommen, weil sie krank ist. Sie muss **krankfeiern.** Oder: Tim hat Husten. Da muss er seinen Geburtstag wohl **krank feiern.**

Test 29

Aufgabe 2
a Alle gesuchten Wörter werden zusammengeschrieben: feuerrot, angsterfüllt, butterweich.
b rot wie Feuer
  von Angst erfüllt
  weich wie Butter

Test 30

Aufgabe 1
zwei Badehosen   zwei Sonnenmilchflaschen
zwei Luftmatratzen   zwei Liegematten
zwei Badekappen   zwei Seifen
zwei Sonnenschirme

Aufgabe 2
a ein Auge   f einen Daumen
b ein Brillenglas   g ein Bein
c ein Ohr   h einen Fuß
d ein Arm   i einen Schuh
e eine Hand

Test 31

Aufgabe 1
Im Nominativ stehen:
b Spaß
d Menschen
e Idee

Aufgabe 2
So könnte deine Lösung aussehen:
Die letzte Reitstunde vor dem Wettbewerb war anstrengend.
Der Matsch erschwerte das Reiten.
Der Sonnenschein trocknete später das Gelände.
Der Wettbewerb konnte doch stattfinden.
Die glücklichen Sieger wurden bejubelt.
Die Heimfahrt war lang und wir waren müde.

Test 32

Aufgabe 1
Nomen im Akkusativ: Ausflug, Liste, Bücher (letzte Zeile)
Nomen in anderen Fällen: Klasse, Schule, Bus, Stadtbibliothek, Mann, Kinder, Sachbücher, Computer, Buch, Tag, Aufgabe, Kinder, Buchtitel, Computer, Bücher, Bibliothek

Aufgabe 2
So könnte deine Lösung aussehen:
Jonas füttert die Schlange.
Peter hasst das Gedränge.
Ich kenne den Kassierer.
Schnell finde ich den Ausgang.

Test 33

Aufgabe 1
a Wem schenkt Sybille einen Gutschein? (Dativ)
b Wen/was liest Petra? (Akkusativ)

Aufgabe 2
a dem Kind
b meiner Mutter
c meinem Vater
d unserem Hund
e dem kommenden Markttag

LÖSUNGEN

Test 34

Aufgabe 1
a der kleinen Katze
b dem Fisch
c der Katze
d dem Jungen
e der Katze
f niemandem

Aufgabe 2
a der Mutter
b dem Vater
c der Katze

Test 35

Aufgabe 1
b

Aufgabe 2
a Schülerin
b Lehrers, Fensters
c Kinder
d Direktorin
e Klasse
f Kunststunden
g Übeltäter
h Klasse

Test 36

Aufgabe 1
a Nominativ
b Akkusativ
c Genitiv
d Akkusativ
e Akkusativ
f Akkusativ
g Nominativ

Test 37

Aufgabe 1
a Die Freude
b der Vater
c den Kindern
d den Ferien
e das Meer
f Die Kinder
g den Sand
h den Füßen
i die schönste Sandburg
j den Stau
k die Kinder
l die Langeweile
m Der Vater
n die Kinder
o die Zugfahrkarten
p Die Kinder
q der Urlaub
r den lästigen Stau

Aufgabe 2
a Nominativ, Singular, neutrum
b Akkusativ, Singular, neutrum
c Genitiv, Singular, neutrum
d Dativ, Plural, maskulinum

Test 38

Aufgabe 1
<u>Ein</u> Hund lebt lange. Darum muss man sich, bevor man sich <u>einen</u> Hund anschafft, gut überlegen, ob man auch bereit ist, sich so lange um <u>einen</u> Hund kümmern zu wollen. <u>Eine</u> Verantwortung für <u>ein</u> Tier kann man nicht einfach abgeben. Man sollte sich also vorher <u>ein</u> paar Gedanken machen und sich erst <u>ein</u> Tier anschaffen, das <u>eine</u> kurze Lebenserwartung hat.

Aufgabe 2
a ein
b ein
c ein
d einer
e einen
f einer
g eine
h einen
i ein
j ein
k Ein

Test 39

Aufgabe 1
a Sie
b Ich
c Sie
d Ihr
e Du
f Wir

Aufgabe 2
a Er trinkt lieber Wasser.
b Er mag am liebsten Saft.
c Es trinkt nur Milch.
d Sie mögen weder Saft noch Milch.

Test 40

Aufgabe 1
a Dativ (ihr)
b Nominativ (Sie)
c Genitiv (ihrer)
d Akkusativ (ihn)

Aufgabe 2
a Ich ...
b ... ihnen ...
c ... dich ...
d ... uns ...

Test 41

Aufgabe 1
a Meine
b Deine
c Seine/Ihre
d Unsere
e Eure
f Ihre

Aufgabe 2
a ihr – Dativ
b ihrer – Genitiv
c ihre – Akkusativ

LÖSUNGEN

Test 42

Aufgabe 1
a Dieser
b Jenes
c Diesen
d Dieselben
e Derjenige
f Dies
g Jenes

Aufgabe 2
a Dieses
b dieses
c dieses
d diesem
e Diese
f diesem

Test 43

Aufgabe 1
a Fahrrad – das
b Fahrrad – das
c Fahrrad – welches
d Person – die
e Der Händler weiß nicht genau – was

Test 44

Aufgabe 1
wer, was, wann, wo, warum

Aufgabe 2
a wer
b was
c welche
d was

Test 45

Aufgabe 1
a Dativ
b Nominativ
c Dativ
d Nominativ
e Nominativ
f Nominativ
g Akkusativ
h Nominativ
i Akkusativ
j Akkusativ
k Nominativ

Test 47

Aufgabe 1
b er sieht
d sie schreit
g er kommt
i es steht
k sie sagt
o sie kommt

Aufgabe 2
In jede Lücke muss *du* eingesetzt werden.

Aufgabe 3
Jeder Satz muss mit *Ich* beginnen.

Test 48

Aufgabe 1
a schenken
b schenke
c schenkst
d schenkt
e schenken
f schenkt

Aufgabe 2
in der Tabelle von links nach rechts: ich schenke, du schenkst, er schenkt, 1. Person Plural (wir schenken) fehlt, ihr schenkt, sie schenken
Infinitiv: (sich) schenken

Test 49

Aufgabe 1
a falsch
b richtig
c richtig
d falsch
e richtig
f falsch

Aufgabe 2
a 3. Pers. Sg.
b 3. Pers. Sg.
c 3. Pers. Pl.
d 1. Pers. Pl
e 2. Pers. Sg.

Test 50

Aufgabe 1
a), d), e), i)

Aufgabe 2
a „Koch (oder: Koche) mir einen Tee!"
b „Geh (oder: Gehe) mir aus dem Weg!"
c „Kauf (oder: Kaufe) Nudeln!"

Test 51

Aufgabe 1
a ich gehe
b du gehst
c es geht
d wir gehen
e ihr geht
f sie gehen
g ich sage
h du sagst
i sie sagt
j wir sagen
k ihr sagt
l sie sagen

Aufgabe 2
b Der Hund bellt.
f Die Menschen gehen spazieren.
g Jetzt scheint die Sonne.

LÖSUNGEN

Test 52

Aufgabe 1
Verben im Präteritum: war, erfuhren, gab ... auf, kam
Verben in anderen Zeiten: durchnehmen, fragt, antwortet, fragt, sollen, herausfinden, sagt, weißt
→ Keine berühmte Person kam am 30. Februar 1975 zur Welt, da der Februar nur 28 Tage hat (bzw. 29, wenn es ein Schaltjahr ist).

Aufgabe 2
a richtig
b falsch
c falsch

Test 53

Aufgabe 1
a ging
b war
c sah
d musste
e hörte
f Lebte

Aufgabe 2
a In der Steinzeit **stellten** die Menschen ihre Werkzeuge selbst **her**.
b Sie **stellten** Pfeilspitzen aus Steinen **her**.
c Diese **banden** sie an einen Stock.
d Damit **jagten** sie Tiere.

Test 54

Aufgabe 1
a falsch
b richtig
c falsch
d richtig
e richtig
f falsch

Aufgabe 2
Das Feriencamp ist eine tolle Sache. Hier können z. B. Kinder, deren Eltern nicht so viel Geld haben, allein Urlaub machen. Wir haben uns alle gut verstanden. Viele haben sogar richtig gute Freunde gefunden. Besonders die gemeinsamen Ausflüge haben Spaß gemacht. Nächstes Jahr will ich wieder ins Feriencamp.

Test 55

Aufgabe 1
a falsch
b richtig
c falsch
d falsch
e falsch
f richtig

Aufgabe 2
a er war gelaufen
c es hatte geregnet
e du warst gelaufen
h sie hatten gesagt
j du hattest geschlafen

Test 56

Aufgabe 1
a falsch
b richtig
c richtig
d falsch

Aufgabe 2
a Nachdem Jessica Reitstunde gehabt hatte, hat sie Besuch von Oma bekommen.
b Nachdem Torsten Handballtraining gehabt hatte, ist er zum Nachhilfeunterricht gegangen.

Test 57

Aufgabe 1
a falsch
b richtig
c falsch
d falsch
e richtig

Aufgabe 2
Jojo: „Wir werden nach Spanien fahren. Dort werden wir jeden Tag am Strand liegen und wir werden uns wunderbar entspannen." Pia: „Ich werde mich nicht noch einmal in ein Flugzeug setzen. Wir werden Urlaub machen, wo man problemlos mit dem Reisebus hinkommt. Wir werden nach Belgien fahren. Dort werden wir uns das Land anschauen." Kai: „Ich werde hierbleiben, wenn die Streiterei nicht aufhört!"

Test 58

Aufgabe 1
a 3. Pers. Sg. Perfekt
b 3. Pers. Sg. Präteritum
c 3. Pers. Pl. Plusquamperfekt
d 3. Pers. Pl. Präsens
e 2. Pers. Sg. Präsens
f 2. Pers. Pl. Präsens
g 1. Pers. Pl. Präteritum
h 2. Pers. Sg. Futur
i 1. Pers. Sg. Futur/1. Pers. Pl. Präsens

Aufgabe 2
a Ihr hattet ...
b Er wird aufpassen ...
c Du warst gegangen ...

Test 59

Aufgabe 1
a gehen
b lebte/wohnte
c gekommen ist
d ist
e kennen
f kennt
g Bring
h möchte/will
i ist
j kommt
k bringe

LÖSUNGEN

Aufgabe 2
a 4) ...Tätigkeiten
b 7) ... konjugiert
c 2) ... in der Zukunft geschieht
d 1) ... die Gegenwart
e 3) ... dekliniert
f 5) ... Imperativ
g 6) ... drei (Perfekt, Präteritum, Plusquamperfekt)

Test 60

Aufgabe 1
a Peter <u>wird ausgelacht</u> ...
b Erik <u>wird ausgelacht</u> ...
c Claudia <u>wird ausgelacht</u> ...
d Kevin <u>wird ausgelacht</u> ...

Aufgabe 2
a Erik wird bewundert, weil er gut in Mathematik ist.
b Claudia wird bewundert, weil sie gut Fußball spielt.
c Kevin wird bewundert, weil er Karate kann.

Test 61

Aufgabe 1
Pia und Jasmin <u>gehen</u> gemeinsam in eine Klasse. Pia <u>ist</u> stark und Jasmin <u>ist</u> schlau. Gemeinsam <u>sind</u> sie unschlagbar. Pia <u>hilft</u> Jasmin beim Tragen schwerer Dinge, Jasmin erklärt Pia dafür Mathe. Wenn Pia Mathe <u>verstanden</u> hat, fordert Pia Jasmin zum Armdrücken heraus. Mit der Zeit <u>wird</u> Pia immer schlauer und Jasmin immer stärker.

Aufgabe 2
a richtig   f richtig
b falsch   g falsch
c falsch   h falsch
d richtig   i falsch
e falsch   j richtig

Test 62

Aufgabe 1
Lieber Markus,
ich sende dir <u>luxuriöse</u> Grüße aus dem <u>lieben</u> Süden Europas. Wir hatten eine gute Reise und sind in einem <u>seltenen</u> Hotel untergebracht. Besonders gut gefällt mir der <u>exotische</u> Swimmingpool. Aufregender ist es natürlich am Strand. Dort kann man oft <u>sonnige</u> Pflanzen betrachten und Tiere beobachten, die in Nord- und Mitteleuropa <u>riesig</u> sind. Unglücklicherweise ist der Urlaub bald vorbei und wir müssen wieder in die Schule.
Dein Maximilian

Aufgabe 2
a liebe   d riesige
b sonnigen   e exotische
c luxuriösen   f selten

Test 63

Aufgabe 1
a Komparativ   e Superlativ
b Positiv   f Komparativ
c Komparativ   g Komparativ
d Superlativ   h Superlativ

Aufgabe 2
a weit   f langsamer
b weiter   g am langsamsten
c am weitesten   h schön
d am schnellsten   i schöner
e schnell

Test 64

Aufgabe 1
heute Morgen   eben
gestern   davor
später   morgen
danach

Aufgabe 2
hier und dort   Ringsherum
Darunter   Links
Oben   irgendwohin
hier   oben
vorn   anderswo
Dort

Test 65

Aufgabe 1
a Art und Weise   g Art und Weise
b Ort   h Art und Weise
c Zeit   i Grund
d Art und Weise   j Zeit
e Zeit   k Art und Weise
f Ort

Test 66

Aufgabe 1
obwohl   und
und   da
ohne dass   und
denn   um ... zu
und   denn
und

Aufgabe 2
a da/weil/denn   f obwohl
b und/oder   g und/oder
c und   h dann (oder gar keine
d oder   Konjunktion)
e weil/da   i und

LÖSUNGEN

Test 67

Aufgabe 1
Klaus steht <u>neben</u> Bettina. <u>Hinter</u> Bettina steht Thomas. Thomas steht <u>vor</u> Volker, der <u>hinter</u> allen steht, da er alle überragt. Johannes steht <u>auf</u> den Füßen von Susanne. Susannes rechte Hand liegt <u>auf</u> der Schulter ihrer besten Freundin Anne. Anne macht <u>über</u> Rolfs Kopf Hasenohren. <u>Auf</u> dem Foto sieht das ganz schön blöd aus. Katrin reckt ihren Kopf <u>über</u> den von Doris, da Doris eigentlich zu groß ist, um <u>vor</u> ihr zu stehen. Der Fotograf hält drei Finger <u>über</u> den Kopf, zählt „drei, zwei, eins" und schießt ein Foto, <u>auf</u> dem alle lustig aussehen.

Aufgabe 2
a über
b neben
c unter
d durch
e auf
f mit
g unter
h durch
i um
j nach
k auf

Test 68

Aufgabe 1
So könnte deine Lösung aussehen:
a Autohaus, Autotür, Autoführerschein, Spielzeugauto
b Hausbau, Haustür, Krankenhaus, Schulhaus
c Tiergarten, Tierfutter, Kleintier, Tierpension
d Grundschule, Realschule, Schulfest, Schulaufgabe
e Fahrradlampe, Fahrradgeschäft, Fahrradtour, Damenfahrrad

Aufgabe 2
Baum: Baumkrone
Auto: Autobahn, Autowerkstatt
Zug: Zugfahrkarte, Zugführer
Kerze: Kerzenwachs, Kerzenschein

Test 69

Aufgabe 1
a nein
b ja
c nein
d nein
e nein
f nein
g ja

Aufgabe 2
<u>Schul</u>hof, <u>Garage</u>ntür, <u>Holz</u>klotz, <u>Feder</u>tasche, <u>Kuchen</u>gabel, <u>Turn</u>schuhe, <u>Party</u>gast, <u>himmel</u>blau, <u>Treppen</u>geländer, <u>Sicherheits</u>nadel, <u>Koch</u>topf, <u>Lampen</u>schein

Test 70

Aufgabe 1
So könnte deine Lösung aussehen:
a Kaffeekanne, Teekanne, Gießkanne
b Schlüsselblume, Sonnenblume, Glockenblume
c Raubtier, Säugetier, Weichtier
d Spielkarte, Eintrittskarte, Fahrkarte
e Wagenrad, Fahrrad, Drehrad
f Einbahnstraße, Hauptstraße, Landstraße
g Zierfisch, Raubfisch, Speisefisch
h Weihnachtsfest, Passahfest, Osterfest
i Wanderschuhe, Turnschuhe, Stöckelschuhe

Aufgabe 2
So könnte deine Lösung aussehen:
Schutzschild, Schildbürger, Bürgeramt, Amtsschimmel, Schimmelreiter, Reiterferien, Ferienreise, Reisebus, Busfahrt, Fahrtziel, Zielstraße, Straßenname, Namensgebung, …

Test 71

Aufgabe 1
a schlaf
b träum
c wach
d stell
e steh
f denk
g sicht

Aufgabe 2
Wörter mit Präfix: verlieben, gerettet, versteht, ansehen
Wörter mit Suffix: eklig, gruselig, lustig

Test 72

Aufgabe 1
So könnte deine Lösung aussehen:
sonnig, windig, wässrig, veränderbar, essbar, feurig, bewohnbar, ausleihbar, auffindbar, reichlich, sichtbar, hektisch, spielerisch, fleißig, fahrbar, machbar

Aufgabe 2
a essbar
b stürmisch
c frostig
d nervös
e gespenstig/gespenstisch

LÖSUNGEN

Test 73

Aufgabe 1
So könnte deine Lösung aussehen:
a Diebstahl
b regnerisch
c faulenzen
d künstlich/künstlerisch
e trinken
f Schwimmer/Schwimmbad
g berichtigen/richtigstellen
h Klammer
i nass

Aufgabe 2
So könnte deine Lösung aussehen:
Grit, die noch nie in einem **Schreibwarenladen** war, macht große Augen. Da gibt es Bleistifte und Radiergummis, um **Geschriebenes** auszuradieren, wenn man sich **verschrieben** hat. Es gibt **Schreibstifte** aller Art und besondere Federn für **Schönschrift**.

Test 74

Aufgabe 1
a falsch
b richtig
c richtig
d richtig
e falsch
f richtig

Aufgabe 2
Schale – Schüssel
schlafen – pennen
Hund – Köter
Fluss – Strom
Haus – Hütte
Leuchte – Lampe
Anorak – Jacke

Test 75

Aufgabe 1
a Weg, Straße, Autobahn (Größe)
b schmunzeln, lächeln, lachen (Stärke)
c tuckern, fahren, rasen (Schnelligkeit)
d glotzen, gucken, blicken (Wertigkeit)
e Bach, Fluss, Strom (Größe)
f Karre, Auto, Limousine (Wertigkeit)

Aufgabe 2
So könnte deine Lösung aussehen:
Pony, Schimmel, Gaul, Mähre, Klepper, Ross, Rappen, Fohlen, Hengst, Stute ...

Test 76

Aufgabe 1
a richtig
b richtig
c falsch
d falsch
e richtig
f richtig

Aufgabe 2
a Besteck
b Gewürze
c Küchengeräte
d Tätigkeiten

Test 77

Aufgabe 1
a Wetterschutz
b Getränke
c Transportmittel
d Pflanzen
e Fächer

Aufgabe 2
Vögel: Amsel, Elster, Spatz, Kolibri
Reptilien: Schlange, Krokodil, Eidechse, Schildkröte
Säugetiere: Hund, Pferd, Kuh, Schaf
Fische: Barsch, Hai, Aal, Rochen

Test 78

Aufgabe 1
a falsch
b falsch
c richtig
d falsch
e richtig
f richtig

Aufgabe 2
Caroline spielt Basketball. Basketball ist ihr Hobby. Sie übt diesen Sport schon seit vielen Jahren aus. Deshalb ist sie auch besonders gut.

Test 79

Aufgabe 1
a ja
b ja
c ja
d nein
e ja
f ja

Aufgabe 2
Liebe Katja,
leider musstest du lange auf meinen Brief warten. <u>Bist du mir deswegen eigentlich böse?</u> Ich hoffe nicht, doch bevor du dich fragst, warum ich erst jetzt schreibe, erkläre ich dir, was hier los war. <u>Hast du schon einmal einen Umzug mitgemacht?</u>

Test 80

Aufgabe 1
a Macht Platz für die Tanzfläche!
c Hol bitte die Plakatwand, Boris!
f Hol jetzt bitte den Tisch und stell ihn hier hin!
i Sag bitte im Sekretariat Bescheid, dass wir noch Zeit brauchen!

LÖSUNGEN

Aufgabe 2
a Fragezeichen
b Ausrufezeichen
c Ausrufezeichen
d Punkt
e Ausrufezeichen
f Punkt
g Ausrufezeichen
h Punkt
i Fragezeichen

Test 81

Aufgabe 1
a 2
b 1
c 3
d 3
e 4

Aufgabe 2
a Sarah spielt Geige, Martin spielt Bass.
b Verena liebt Bücher und sie hat schon viele Vorlesewettbewerbe gewonnen.
c Claudia hat einen Vogel und sie hat einen Hamster.
d Laura spielt Volleyball und sie ist im Leichtathletikverein.

Test 82

Aufgabe 1
a Hans spielt Handball, weil es Spaß macht.
b Karsten reitet, obwohl er als kleines Kind Angst vor Pferden hatte.
c Als Marc nach Hause kam, war Celia beim Hockey.
d Weil Ingeborg schnell strickt, ist der Pullover schon fertig.
e Johannes geht einkaufen, obwohl er sich lieber mit seinen Freunden treffen würde.
f Olaf glaubt, dass morgen die Sonne scheinen wird.
g Uli schreibt Briefe, weil sie E-Mails unpersönlich findet.

Aufgabe 2
a ist
b stürzt
c ist
d nimmt
e mitfahren
f begann
g ist
h besichtigte

Test 83

Aufgabe 1
a **Hauptsatz:** Jack ist selbst eigentlich ein großer Feigling. **Nebensatz:** , der immer alle anderen Kinder verprügelt,
b **Hauptsatz:** Costa darf sie dieses Jahr in Griechenland besuchen. **Nebensatz:** , der seine Großeltern sehr vermisst,

Aufgabe 2
a Da/weil es letzten Sommer kaum regnete, wird die Ernte sehr schlecht ausfallen. Oder: Letzten Sommer regnete es kaum, sodass die Ernte sehr schlecht ausfallen wird.
b Weil/da Torben zu spät ist, muss er sich beeilen.

Test 84

Aufgabe 1
a Vor vielen Jahren lebten auf einem riesigen Kontinent die Dinosaurier.
d Auf einem riesigen Kontinent lebten vor vielen Jahren die Dinosaurier.
e Die Dinosaurier lebten vor vielen Jahren auf einem riesigen Kontinent.

Aufgabe 2
a Jessica und Antonio gehen heute in den Zoo.
b Pamela spielt seit vielen Jahren Gitarre.

Test 85

Aufgabe 1
Valerie <u>rollt</u> sich beim Anpfiff auf dem Boden. Ulf <u>jubelt</u> nur bei einem Eigentor. Eike <u>täuscht</u> den eigenen Torwart. Torwart Karl <u>geht</u> jedem Ball aus dem Weg. Der Co-Trainer <u>applaudiert</u> der gegnerischen Mannschaft. Paul <u>spielt</u> dem gegnerischen Verteidiger einen Ball <u>zu</u>. Johanna <u>turnt</u> am Tor. Frederik <u>schläft</u> mitten auf dem Spielfeld. Judith <u>telefoniert</u> mit ihrer besten Freundin. Carsten <u>macht</u> noch schnell die schwierigen Mathehausaufgaben.

Aufgabe 2
Katrin <u>hat</u> ständig die gegnerische Mannschaft <u>angefeuert</u>. Lars <u>hat</u> immer auf das eigene Tor <u>geschossen</u>. Der Torwart <u>ist</u> während des Spiels kurz auf die Toilette <u>gegangen</u>. Petra <u>musste</u> ihren Bus noch vor Ablauf der ersten Halbzeit <u>bekommen</u>. Der Co-Trainer <u>hat</u> den besten Spieler nach Hause <u>geschickt</u>. Oliver <u>hat</u> seine Brille zu Hause <u>vergessen</u>. Christian <u>hat</u> den Ball ständig in einen Korb <u>geworfen</u>. Udo <u>hat</u> wegen des großen Motorradhelms auf seinem Kopf nichts <u>gesehen</u>.

Test 86

Aufgabe 1
a falsch
b richtig
c falsch
d falsch
e richtig
f richtig
g falsch

Aufgabe 2

<u>Der Wind</u> pfeift. <u>Die Dielen</u> knarren. <u>Die Eule</u> ruft. <u>Die Tür</u> schlägt zu. <u>Die Kochtöpfe</u> scheppern im Schrank. <u>Ein unheimliches Licht</u> leuchtet draußen in der Einfahrt.

LÖSUNGEN

Test 87

Aufgabe 1
a Christine schreit Norbert an.
b Olaf meckert Gerda an.
c Anne schubst Dieter.
d Judith ermahnt Laura.

Aufgabe 2
a ja
b ja
c nein
d nein
e ja
f ja
g ja
h ja

Test 88

Aufgabe 1
<u>Dem alten Mann</u> wird geholfen beim Überqueren der Straße. Benny hilft <u>dem kleinen Bruder</u> beim Binden der Schuhe. <u>Bettina</u> wird bei ihren Hausaufgaben geholfen. Josefine hilft <u>ihrem Vater</u> beim Rasenmähen. Ricarda hilft <u>Gerd</u> beim Jäten des Unkrauts. <u>Helga</u> wird beim Pizzabacken geholfen. Hilke hilft <u>ihrer kleinen Schwester</u> beim Telefonieren. August hilft <u>dem Trainer</u> beim Tragen der Bälle auf das Fußballfeld. Kira hilft <u>ihrer Schwester</u> beim Einschlafen und liest <u>ihr</u> eine Geschichte vor.

Aufgabe 2
a Maxi/ihm
b Hans-Jonas/ihm
c Ralf/ihm
d Christian/ihm
e Tara/ihr

Test 89

Aufgabe 1
a nein
b ja
c nein
d ja
e nein

Aufgabe 2
a Wessen gedenkt Prinz Olaf?
b Wessen freut sich Fräulein Brunhilde?
c Wessen kommt Konrad daher?

Test 90

Aufgabe 1
a an
b zu
c auf
d als
e an
f mit

Aufgabe 2
a Sie hoffen auf besseres Wetter.
b Er wartet auf den Bus.
c Sie steht zu ihren Fehlern.
d Sie hält etwas auf ihn.
e Sie rechnet mit guten Nachrichten.

Test 91

Aufgabe 1
a ja
b nein
c nein
d ja
e ja

Aufgabe 2
a heute
b in den Ferien
c wegen des schlechten Wetters
d sehr
e auf dem Balkon
f unter der Dusche

Test 92

Aufgabe 2
So könnte deine Lösung aussehen:
a Rudi fährt mit dem Fahrrad <u>im Hof/auf der Straße/ ...</u>
b Kenneth wohnt in einem Haus <u>am See/im Wald ...</u>
c Till lässt <u>auf der Wiese/auf dem Berg ...</u> seinen Drachen steigen.
d Viola geht heute <u>in die Stadt/in den Supermarkt ...</u>
e Susanne besucht ihre Tante <u>auf dem Land/in England ...</u>
f Ich werde morgen <u>in der Stadt/in einem Fachgeschäft ...</u> einen Computer kaufen.

Test 93

Aufgabe 1
So könnte deine Lösung aussehen:
a Tanja geht mit ihrer Tante <u>heute</u> spazieren.
b Ute hat für <u>nächste Woche</u> alle Freunde eingeladen.
c Tara möchte die Hausaufgaben nicht jetzt, sondern <u>später</u> machen.
d Ole geht <u>am Abend</u> mit Freunden zum Fußballspiel.
e Alfred kommt heute nicht vor <u>Mitternacht</u>.

Aufgabe 2
So könnte deine Lösung aussehen:
Charlotte hat vor acht Jahren mit Leichtathletik begonnen. Darum hat sie heute das Rennen auch gewonnen. Zuerst ist sie die Schnellste beim Start gewesen. Später wurde sie zwar überholt, aber da sie am Ende die bessere Kondition bewiesen hat, hat sie das Rennen doch noch gewonnen.

LÖSUNGEN

Test 94

Aufgabe 1
So könnte deine Lösung aussehen:
Vor Ungeduld spielt Jan an der Bushaltestelle mit seiner Monatskarte, denn Jan hat Angst, dass er wegen der Verspätung des Busses seine Lieblingsserie verpassen könnte. Aufgrund der vielen Menschen an der Haltestelle bemerkt Jan nicht, dass ein Mann ihm den Geldbeutel stehlen will. Durch mutiges Eingreifen einer Frau, die den Täter stellt, hat Jan nun seinen Geldbeutel wieder.

Aufgabe 2
a Andy kann <u>wegen des Lärms</u> nicht schlafen.
b Jürgen kommt <u>aus zeitlichen Gründen</u> nicht zur Party.
c Felix konnte <u>wegen seiner/der Bauchschmerzen</u> nichts essen.
d Erik sah <u>wegen der Dunkelheit</u> nur wenig.
e <u>Wegen der hohen Wellen</u> schwankt das Schiff.

Test 95

Aufgabe 1
So könnte deine Lösung aussehen:
Der Glasbläser steht schwitzend vor dem Ofen. Schnell dreht er einen Stab, an dem flüssiges Glas klebt. Ganz vorsichtig bläst er in ein Rohr, sodass das flüssige Glas wie ein Ballon aufgeblasen wird. Behutsam zeigt er das fertige Stück den Zuschauern, die voller Bewunderung applaudieren.

Aufgabe 2
So könnte deine Lösung aussehen:
a Marvin arbeitet zuverlässig und zügig.
b Christoph kennt seinen Schulweg auswendig.
c Heiko spielt regelmäßig Fußball.
d Nina reitet gerne.
e Ulf spielt schlecht Trompete.

Test 96

Aufgabe 1
a aus Leipzig
b strengen
c energiesparenden
d kleinen
e interessierten
f batteriebetriebenen
g des Wettbewerbs
h intelligente

Aufgabe 2
So könnte deine Lösung aussehen:
a Wir treffen uns auf dem Fußballplatz bei mir um die Ecke/in Dettingen/...
b Ich bringe meine beste/älteste/... Freundin mit.

Test 97

Aufgabe 1
So könnte deine Lösung aussehen:
Den Beginn der diesjährigen Beurteilung machte wie immer der Schneemann des Bürgermeisters. Danach wurde ein riesiger Schneemann von der Jury bestaunt. Auf einem der oberen Plätze landete ein kleiner Schneemann mit Hut und Möhre. Der Schneemann des Siegers aber gewann wegen der schönen glänzenden Augen.

Aufgabe 2
So könnte deine Lösung aussehen:
a Pauls Schneemann mit den großen braunen Augen
b eine fröhlich blickende Schneefrau
c Die kleine Jasmin ...

Test 98

Aufgabe 1
a falsch
b richtig
c falsch
d richtig
e falsch

Aufgabe 2
„Mama", ruft Johannes, „Claudia hat meinen Schrank durchwühlt." Claudia brüllt wütend dazwischen: „Johannes hat im Badezimmer in meiner Kulturtasche herumgeschnüffelt." Dann schreit Johannes: „Und was hat Claudia in meinen Fußballsachen zu suchen?" „Und wieso versteckt Johannes meine Reitstiefel?", meckert Claudia. „Beruhigt euch doch bitte erst einmal", sagt da die Mutter. „Ich höre euch sowieso nicht zu, solange ihr schreit und brüllt."

Test 99

Aufgabe 1
Nach dem Komma beginnt immer der neue Hauptsatz.

Aufgabe 2
a Josef geht einkaufen. Sybille deckt den Tisch.
b Jan spielt Fußball. Torben rudert im Verein.

Test 100

Aufgabe 1
Richtig sind die Aussagen b), c), e), g), h).

Aufgabe 2
So könnte deine Lösung aussehen:
a Ina bleibt heute zu Hause, da sie sich krank fühlt.
b Johanna räumt auf, obwohl sie keine Lust hat.
c Jennifer kam nach Hause, als Gerd die Küche putzte.
d Julia beeilt sich, damit sie nicht zu spät kommt.
e Frederik hofft, dass er das Spiel gewinnt.
f Alina geht, weil ihr die Party nicht gefällt.

LÖSUNGEN

Test 101

Aufgabe 1
a ..., sodass viele Menschen ins Schwimmbad gehen.
b Weil das Wetter so schön ist, ...
c Obwohl es regnet, ...
d ..., sodass die meisten Menschen nach Hause gehen.
e ..., der die Menschen nach Hause treibt.

Aufgabe 2
Thore ruft bei seinem Freund an, weil er mit ihm spielen möchte. Marius bleibt zu Hause, weil er auf einen Anruf wartet. Karla beeilt sich, damit sie den Bus noch bekommt. Anke schreibt, bis ihr die Finger glühen. Meine Schwester will sich ein Schiff kaufen, obwohl sie seekrank ist.

Aufgabe 3
a müsste.
b beherrscht.
c kommt.
d ruft.
e blühen.
f war.

Test 102

Aufgabe 1
Kerstin geht ins Training, obwohl sie keine Lust hat.
Anna beeilt sich, weil es regnet.

Aufgabe 2
Weil seine alten zu klein sind, wünscht sich Karsten neue Fußballschuhe.
Da er in einer Band spielen will, lernt Kai Schlagzeug.

Aufgabe 3
Paul kann, obwohl er wenig übt, gut Skateboard fahren.
Tina ruft, damit er ihr bei den Hausaufgaben hilft, Jens an.

Test 103

Aufgabe 1
So könnte deine Lösung aussehen:
a ein gelber Lkw
b drei Männer der Umzugsfirm
c ein Freund meines Vaters
d meine neue Schule

Aufgabe 2
a Carsten, vor Schreck erstarrt, wagte, sich wieder zu bewegen.
b Antonia, vor Leben sprühend, begeisterte alle.
c Die Zuschauer, vor Begeisterung jubelnd, applaudieren immer noch.
d Emma, vor Eifersucht rasend, machte Alexander Vorwürfe.
e Otto, vor Müdigkeit gähnend, entschloss sich, ins Bett zu gehen.
f Torsten, vor Freude lachend, umarmte Falk.

Platz für deine Diktate

Platz für deine Diktate

Platz für deine Diktate

Platz für deine Diktate

Anzeige

Gute Gründe für Nachhilfe in Profi-Qualität

Erfolg in der Schule ist nicht zuletzt eine Frage der individuellen Förderung. Seit 40 Jahren setzt sich der Studienkreis dafür ein, Schülerinnen und Schülern Freude am Lernen zu vermitteln. Erfahrene und geprüfte Nachhilfelehrer unterstützen jeden einzelnen Schüler kompetent und einfühlsam auf seinem Weg zu besseren Noten.

Neben der Nachhilfe in allen Fächern bereiten wir auch gezielt auf Prüfungen vor und haben mit unserer Kinderlernwelt ein spezielles Förderangebot für Grundschulkinder. Der Studienkreis – einer der größten privaten Bildungsanbieter Europas – ist an rund 1.000 Standorten zu finden. Auch in Ihrer Nähe.

So sorgen wir für bessere Noten:

- Professionelle Lehrkräfte: fachlich und pädagogisch qualifiziert und gezielt ausgewählt
- Kostenlose Beratung durch erfahrene Ansprechpartner vor Beginn jeder Förderung
- Individuelle Lernpläne entsprechend den Bedürfnissen jedes einzelnen Kindes
- Top-Lernkonzept für bessere Noten: von Experten entwickelt und in rund 1.000 Standorten erfolgreich erprobt

Mehr Infos unter www.studienkreis.de oder Telefon 0800 111 12 12 (Mo.–Sa. 8–20 Uhr, gebührenfrei)